职业教育国家在线精品课程配套教材
高等职业教育酒店管理与数字化运营专业教材
校企双元职业教育规划教材

U1011296

酒水服务与酒吧管理

于英丽　马维娜　主编

JIUSHUI FUWU
YU JIUBA GUANLI

中国轻工业出版社

图书在版编目（CIP）数据

酒水服务与酒吧管理 / 于英丽，马维娜主编. 北京：中国轻工业出版社，2024. 10. -- ISBN 978-7-5184-5040-4

I. F719.3

中国国家版本馆 CIP 数据核字第 20248JJ933 号

责任编辑：贺晓琴　　责任终审：劳国强　　设计制作：锋尚设计
策划编辑：史祖福　　责任校对：晋　洁　　责任监印：张　可

出版发行：中国轻工业出版社（北京鲁谷东街5号，邮编：100040）
印　　刷：艺堂印刷（天津）有限公司
经　　销：各地新华书店
版　　次：2024年10月第1版第1次印刷
开　　本：787×1092　1/16　印张：13.75
字　　数：308千字
书　　号：ISBN 978-7-5184-5040-4　定价：60.00元
邮购电话：010-85119873
发行电话：010-85119832　010-85119912
网　　址：http://www.chlip.com.cn
Email：club@chlip.com.cn

230512J2X101ZBW

本书编写人员

主　编　于英丽　马维娜

副主编　谭　政　余吉穗　刘令波

参　编　屠新安

前言

本书旨在全面、系统地介绍酒水服务与酒吧管理的基础知识，为从业者提供参考和指导。在编写本书的过程中，编者将推进立德树人的要素作为核心。立德树人是国家意志和社会主义核心价值观的集中体现，也是解决“培养什么人、怎样培养人、为谁培养人”这一根本问题的载体。我们充分发挥书的铸魂育人功能，为培养德智体美劳全面发展的社会主义建设者和接班人奠定坚实基础。

本书的特点如下。

（一）实现岗课赛证融通，融入课程思政理念

以调酒师、侍酒师、调饮师等实际工作岗位为基础，选择具有典型性、代表性的核心工作任务，创新体例，引领、服务于职业教育课程改革。同时融入、对接全国职业院校技能大赛标准，依据岗位技能标准设计。本书将课程思政贯穿始终，有机融入工匠精神、团队合作等育人要素，辅助实现酒店类专业岗位的育人目标。

（二）注重实践，对接酒店行业标准

本书内容贴近酒吧人员的日常工作，旨在培养符合酒店酒水服务行业需求的人才。通过具体的业务服务项目，提供规范化、职业化、实用性及操作性的系统培训。根据“1+X证书”要求，对学生进行技能训练。同时将课程思政与高职高专酒店管理与数字化运营专业人才培养目标、专业特点、职业标准对接。

（三）以项目为导向，适应学生学习特点

根据职业学校学生特点，以项目为导向，通过项目描述、学习目标、项目分析、项目内容、任务导入、知识链接、自学检测、任务实训、评价反馈和拓展知识等内容，便于指导学习。

（四）校企双元编写，全面面向行业

本书编写团队具有丰富的行业经验，包括持有餐厅服务员技师证书、茶艺师高级证书、调酒师中级证书和高级咖啡师证书的专业人员。编者长期在饭店一线从事实务、培训等工作，同时具备一定的理论背景，并承担世界技能大赛餐厅服务赛项评委工作，保证了本书知识的准确性和前瞻性。

我们衷心希望本书能够成为读者学习和教学的重要工具，为在酒水服务与酒吧管理领域的学术与实践之路提供有力支持。愿读者在阅读本书的过程中获得丰富的知识和启发，并在未来的职业生涯中取得卓越的成就。

编　者

2024年6月

目录

模块一

入职指导

项目一

行业认知

项目描述

走进灯影闪烁的迷人酒吧，总是被调酒师高超的调酒技艺所吸引。调酒师炫酷地晃动着摇酒壶，瞬间一杯绚丽诱人的鸡尾酒便诞生了。开一家酒吧、成为一名调酒师，成了许多年轻人的梦想，怎样才能成功开一家酒吧？如何才能成为一名合格的调酒师？让我们走进酒吧，认识酒吧，了解调酒师这一职业。

学习目标

❶ 知识目标

（1）记忆酒吧的类型。

（2）陈述酒吧经营所需的设备和用具。

（3）解释酒吧的空间布局和吧台设计。

❷ 能力目标

（1）能够按照调酒师的仪容仪表规范自己。

（2）执行调酒师的职业素质要求。

❸ 思政目标

（1）培养学生良好的职业道德修养。

（2）培养学生的工匠精神。

项目分析

❶ 重点

酒吧的类型及酒吧组织架构。

❷ 难点

酒吧空间布局设计。

项目内容

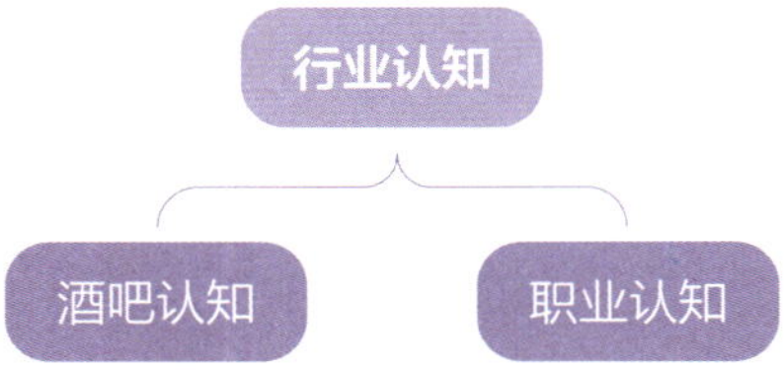

任务1 酒吧认知

任务导入

酒店管理与数字化运营专业的小明，在毕业后想开一个小型酒吧。到底要开一家什么类型的酒吧？具体要购买哪些设施设备？如何划分酒吧区域？这些问题都摆在了小明面前。今天就让我们一起来认识酒吧。

知识链接

酒吧定义与分类

一、酒吧的定义

酒吧，源自英语中的“BAR”，最初指的是一根长条形的木头或金属棒，例如门把手或栅栏等物品。据说，在美国中西部，人们骑马旅行时，经过路边的小店，会将马的缰绳系在门口的一根横木上，然后进入店内喝一杯，稍作休息，再继续旅程。这样的小店就被称为酒吧。如今，酒吧的定义是一个经济实体，以提供酒水和服务为主，以营利为目的，并进行计划性经营。酒吧通常作为人们休闲、聚会和商务洽谈的场所。

二、酒吧的类型

根据内容对酒吧进行分类，可分为：纯饮品酒吧、供应食品的酒吧、娱乐型酒吧、休闲型酒吧和沙龙型酒吧。根据服务方式对酒吧进行分类，可分为：立式酒吧、服务酒吧、鸡尾酒吧、宴会酒吧和歌舞厅酒吧。总之，酒吧设计和经营是随着市场需求的变化而变化的，其经营方式与方法不应受到种类的限制。

三、酒吧区域划分

根据酒吧经营的实际情况，可以将酒吧划分为六个区域。

（一）操作空间

操作空间指的是酒吧吧台及附近的区域，客人进入酒吧的那一刻起，吧台的装修风格、布局以及服务人员的一言一行，都会给客人留下深刻的印象。酒吧工作人员在这里与客人直接接触，在做好酒水推销的同时，为客人进行酒水的制作与服务，客人消费结束后，为客人提供结账服务，因此吧台的设计与服务操作的规范至关重要。

吧台是调酒师工作的空间，是酒吧的中心，可分为前吧、中心吧、后吧（表1-1）。一般酒吧的各种调酒设备和用具，都安置在吧台或附近的区域，以便于调酒师为客人提供高效的服务。

表1-1　吧台分类

名称	英文名称	解释
前吧	Front Bar	每个前吧的长度、宽度、高度都会有所不同。通常吧台高度为120～130厘米，最高不能超过130厘米，宽70～75厘米。前吧多采用大理石或较容易擦拭且耐磨、不易腐蚀的材料制成
中心吧	Middle Bar/Service Bar	中心吧也称操作台，位于前吧的后下方。中心吧的高度通常根据前吧来定，原则上应比前吧低40～50厘米，高度为70～90厘米，宽40～50厘米。中心吧主要摆放调酒用具，是调酒师制作鸡尾酒和果盘的地方
后吧	Back Bar	后吧也就是酒吧的展示柜。展示柜高度最高不能超过180厘米，最下层不能低于120厘米，这样才能方便调酒师取酒与摆放酒品

（二）服务空间

服务空间要求保证公共区域的卫生、提供充足的服务用具和设施，并在为客人提供常规服务的基础上，提供席间相关服务，如酒水推销、席位添加和消费整合等。

（三）演艺空间

演艺空间可用于提供歌舞类节目助兴，也可设置演艺舞台用于举办各类活动。该区域需提供音响、灯光设施，并提前进行用电功率的设计。

（四）娱乐空间

娱乐空间可提供简单的娱乐设施，如台球、飞镖、桌游和电子游戏机等，以增加客人的消遣和娱乐体验。该区域可单独设置或与其他区域结合。

（五）盥洗空间

盥洗空间为客人提供最基础需求，高品质的盥洗区也能带来好的心情。盥洗区虽然空间不大，但也要注意装修的布局，与整体风格相协调，并随时保持干净卫生。

（六）贮存空间

贮存空间用于储存酒吧的各类物品，如酒水、食品和服务用品等。贮存空间应合理布置，设有专人负责保管，并记录物品出库的详细信息。采购和库管应分设不同的岗位。

四、酒吧设备及用具

（一）前吧设备及用品

酒吧的前吧会用到一些设备及用品，前吧常用设备及用品如表1-2所示。

表1-2 前吧常用设备及用品

名称	英文名称	解释
酒槽	Bar Speed Rail	酒槽是用于盛放常用酒水的不锈钢槽。一般置于调酒工作区
洗涤槽	Bar Sink	洗涤槽是清洗酒吧工具器皿的设备。放置在两个服务区中心或便于调酒师操作的地方，具有初洗、剥洗、消毒功能。洗涤槽有三格，分别用于清洗、冲洗和消毒清洗
洗杯机	Washing Machine	洗杯机是用来自动清洗消毒杯子的设备
酒瓶架	Bottle Rack	酒瓶架上存放常用酒瓶和蒸馏酒
搅拌机	Blender	搅拌机是一种带刀片高速旋转的电动工具，常用于鲜果饮品的调制
生啤机	Draught Machine	生啤机是从生啤桶中压出生啤酒的制冷系统。生啤机由气瓶、制冷设备和酒桶三部分组成
冷藏柜	Cooler	冷藏柜属于酒吧的制冷设备，分有立式与卧式两种
奶昔机	Milk Shake Machine	奶昔机用于搅拌奶昔，个别用摇和法调制的饮品也可用它取代
榨汁机	Juice Extractor	榨汁机是用于压榨鲜果汁的工具，如西瓜汁、橙汁等
碎冰机	Crushed Ice Machine	碎冰机是将冰块碾磨成碎粒状的工具。使用搅拌机制作饮品时，一般都要使用碎冰机
自动咖啡机	Coffee Machine	自动咖啡机是制作意式特浓咖啡的专业设备
半自动咖啡机	Semi Coffee Machine	半自动咖啡机是制作意式特浓咖啡的专业设备。使用时，因需通过人工磨粉、压粉等环节配合，故称“半自动”
咖啡研磨机	Coffee Grinder	咖啡研磨机是研磨咖啡豆的专用工具，能准确研磨出有碎度要求的咖啡粉

（二）后吧设备及用品

酒吧的后吧常用设备及用品如表1-3所示。

表1-3 后吧常用设备及用品

名称	英文名称	解释
收银机	Cash Register	收银机是酒吧柜台处理业务的一种多功能计算机设备
制冰机	Ice Machine	制冰机是制作冰块的机器。常见的制冰形状有四方体、圆体、扁圆体和长方条等。四方实心冰块因不易融化，适合酒吧使用。选择制冰机主要是根据制冰机24小时的制冰量来确定的
恒温酒柜	Wine Cooler	恒温酒柜是用来保存红葡萄酒和白葡萄的酒柜，具有恒温、恒湿等特点。葡萄酒恒温酒柜具有葡萄酒保存的理想环境

（三）吧台常见用具

吧台常见用具是指日常操作中用于制作各类酒水所需的必要工具，具体如表1-4所示。

表1-4　吧台常见用具

名称	英文名称	解释	图片
英式标准摇壶	Standard Shaker	英式标准摇壶由壶身、滤冰器和壶盖三部分组成。按容量大小分为250毫升、350毫升和530毫升等多种规格	
美式波士顿摇壶	Boston Shaker	美式波士顿摇壶因其操作快捷方便，是花式调酒专用的工具。它由两只锥形杯组成，分别是玻璃调酒杯和不锈钢壶身，或由直径不同的两只不锈钢壶身组合而成	
调酒杯	Mixing Glass	调酒杯是一种阔口、高身的厚玻璃杯，规格容量为16～18盎司，常与锥形不锈钢壶身组成美式波士顿摇壶，或与吧匙、滤冰器组合使用	
量酒器	Jigger	量酒器是用来度量酒水分量的工具，有不锈钢和玻璃两种材质，其中不锈钢量杯上下两头最常见的容量为28毫升和42毫升	
吧匙	Bar Spoon	吧匙是一种带有螺旋状手柄的调酒工具，是用于混合酒类的长匙。根据长短，它还分为大、中、小几种型号	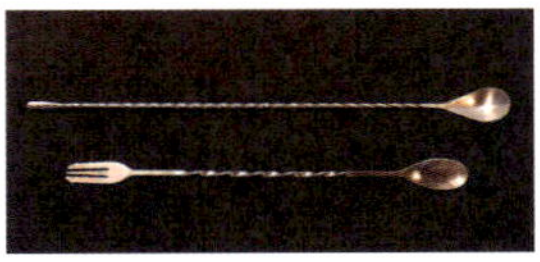
滤冰器	Strainer	滤冰器是用于过滤冰块的工具，不锈钢材质，常与美式波士顿摇壶或调酒杯组合使用，分有两脚、四脚和无脚三种，适用于16～18盎司的美式波士顿摇壶或调酒杯	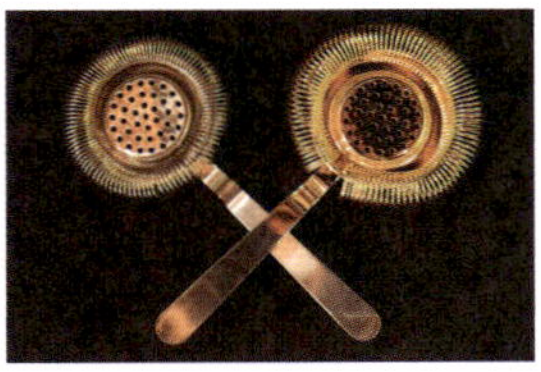

续表

名称	英文名称	解释	图片
挤汁器	Squeezer	挤汁器专门用来挤压含果汁丰富的柠檬、橘子、橙子等水果	
冰铲	Ice Scoop	冰铲用不锈钢或塑料制成，用于从冰槽或冰桶中铲出冰块	
冰夹	Ice Tongs	冰夹常用于夹取冰块或饮品装饰物，一般用不锈钢制成	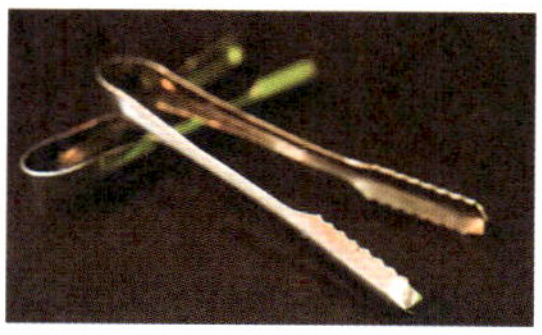
冰桶	Ice Bucket	冰桶用于盛放冰块或客人饮用白葡萄酒、香槟时作冰镇用，用不锈钢制成，规格型号大小不一	
压棒	Muddler	压棒是在调酒杯里压榨果汁的专用工具，有木材或塑料两种材质	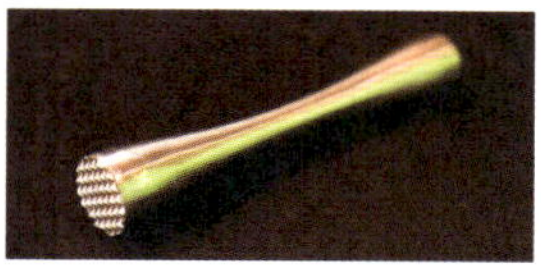
吸管	Straw	吸管是方便客人饮用加冰或大容量饮品的饮管	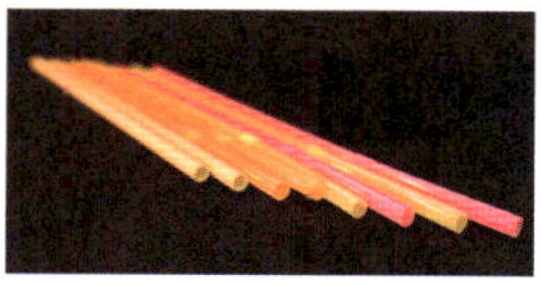
搅拌棒	Stirrer	搅拌棒通常置于装有冰块的柯林杯或高杯中，方便客人搅拌杯中饮料	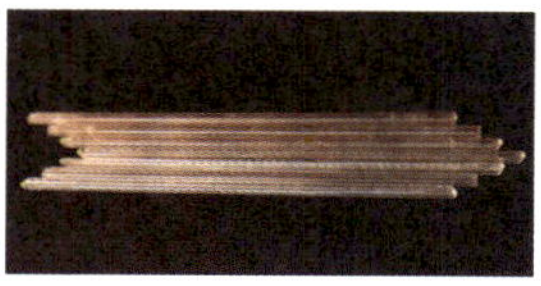
杯垫	Coaster	杯垫由纸、皮革制成，用于垫放在杯子或瓶装饮品下，具有美观、吸水、防滑等作用	

续表

名称	英文名称	解释	图片
挤汁壶	Squeeze Bottle	挤汁壶是装糖浆、蛋清等原料的塑料容器	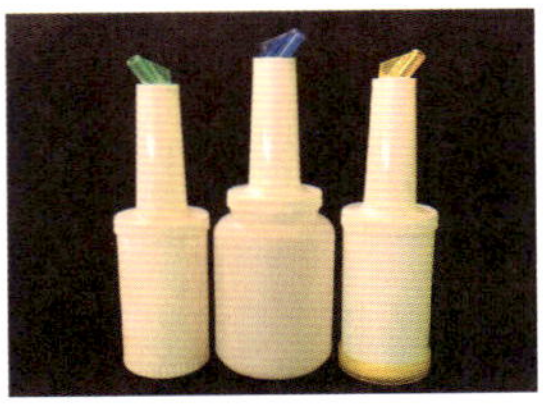
酒嘴	Pourer	酒嘴插入酒瓶口上，使倒酒时更容易控制流量。酒嘴用不锈钢或塑料制成，分慢速、中速、快速三种型号	
酒刀	Corkscrew	酒刀是开启葡萄酒的专用工具	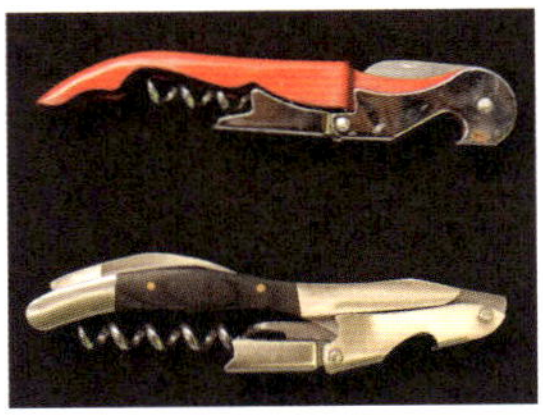
盐边盒	Glass Rimmer	盐边盒是做盐边杯、糖边杯的专用工具，塑料材质，可开合	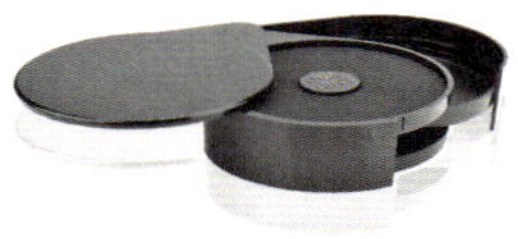
托盘	Tray	托盘是进行酒水服务的用具	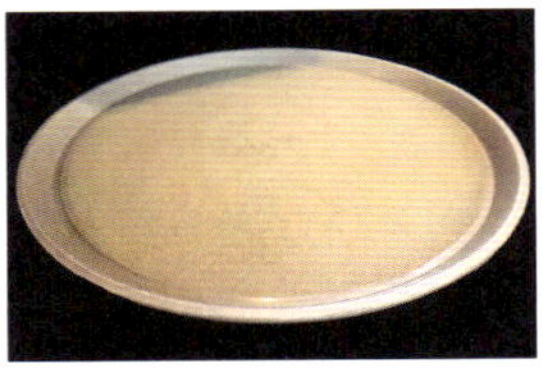
吧垫	Bar Mat	吧垫是铺在吧台内工作区域的塑料垫。把摇壶、调酒杯及饮品成品等摆放在吧垫上，既能防水，又能起到保护吧台的作用	

自学检测

请扫描二维码检测任务学习情况。

任务实训

任务名称：酒吧认知	姓名：	日期：
	班级：	学号：
任务描述： 学习者通过认识酒吧，能够记忆酒吧的定义、区分不同酒吧类型，对酒吧各个区域进行合理划分，能够辨别酒吧常见的设施设备及用具，为将来进入相关岗位打下坚实的理论基础。		
任务清单： 请根据所学内容，以小组为单位，完成以下任务。		
1．简述酒吧的定义。		
2．调研本市的5家酒吧，并根据调研结果写出酒吧的类型。		
3．描述所调研的其中一家酒吧的区域划分，并描述这些区域有哪些作用。		
4．归纳总结你所调研的5家酒吧的吧台（前吧、中心吧、后吧）有哪些共同的设施设备。		
5．如果你们想要在校园内开一家酒吧，请列出酒吧类型及所需要购买的设备清单。		

评价反馈

评价指标	评价内容	分数	分数评定
信息检索	能有效利用网络、图书资源查找有用的相关信息等；能将查到的信息有效地传递到学习中	10分	
感知课堂生活	认同工作价值；在学习中能获得满足感	10分	
参与态度	积极主动与教师、同学交流，相互尊重、理解、平等；与教师、同学之间能够保持多向、丰富、适宜的信息交流	10分	
	能够处理好合作学习和独立思考的关系，做到有效学习；能够提出有意义的问题或能发表个人见解	10分	
知识获得	记忆酒吧的定义	10分	
	区分各类酒吧	10分	
	阐述酒吧各功能分区	10分	
	识别酒吧常见用具	10分	
思维态度	能发现问题、提出问题、分析问题、解决问题、创新问题	10分	
自评反馈	按时按质完成任务；较好地掌握了知识点；具有较强的信息分析能力和理解能力；具有较为全面严谨的思维能力并能做到条理清晰	10分	
自评分数			
总结与反思			

拓展知识

2023年的亚洲最佳50家酒吧

2023年的亚洲最佳50家酒吧（The Asia’s 50 Best Bars）于2023年7月18日晚间在中国香港公布完整名单并举行颁奖盛典。今年的亚洲最佳50家酒吧榜单由270名来自亚洲各地的调酒师、酒吧业主、酒饮作者、教育家和鸡尾酒爱好者等业界领袖共同投票选出，来自亚洲17个城市的酒吧入选。

任务2 职业认知

任务导入

酒吧都是哪些人在工作，酒吧需要怎样的员工，酒吧工作人员的工作内容各是什么？酒吧的员工从哪里来？这些都是很多酒吧消费者和酒吧求职者对酒吧的好奇之处。有一点可以告诉大家，这个行业无论是老板，还是从业者，基本上都是晚上工作，白天睡觉。

知识链接

酒吧组织结构

一、酒吧人员配备

（一）酒吧的组织结构

由于各饭店的档次及餐饮规模不同，酒吧的组织结构可以根据实际需要制定和改变。高星级酒店，一般设立酒水部，管辖范围包括：大堂吧、酒吧、咖啡吧等。在中小型酒店，酒吧直接隶属于餐饮部。不管酒吧规模大小，其工作岗位是基本相同的。酒吧工作人员通常可以分成两部分：一部分是调酒师，负责酒水的配制；另一部分是酒吧服务员，专门负责对客服务。酒吧的组织结构如图1-1所示。

酒吧的人员构成通常由酒店中酒吧的数量、规模以及经营状况共同决定。一般情况下，每个服务酒吧配备调酒师和实习生4～5人，主酒吧配备领班、调酒师、实习生5～6人。酒廊可根据座位数来配备人员，通常10～15个座位配1人。以上配备为两班制所需要人数，一班制时人数可减少。

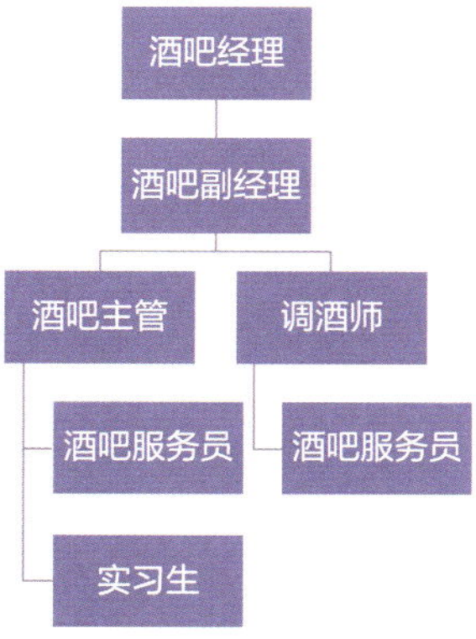

图1-1　酒吧的组织结构

（二）酒吧员工岗位说明书

通常，大型酒店的酒吧工作职位设置包括：经理级、主管级、员工级，即酒吧经理、酒吧副经理、酒吧主管、调酒师与酒吧服务员。酒吧员工岗位说明书如表1-5至表1-9所示。

表1-5　酒吧经理岗位说明书

岗位职责及任职条件 Job Description			
岗位名称	酒吧经理	岗位编号	001
所在部门	餐饮部	直接上级	餐饮总监
岗位定员	1	直接下级	酒吧副经理
工作职责： 1. 保证酒吧处于良好的工作状态和营业状态； 2. 正常供应各类酒水，制订销售计划； 3. 编排员工工作时间表，合理安排员工休假； 4. 根据需要调动、安排员工工作； 5. 督促下属员工努力工作，鼓励员工积极学习业务知识，求取上进； 6. 制订培训计划，安排培训内容，培训员工； 7. 根据员工工作表现做好评估工作，提升优秀员工，并且执行各项规章和纪律； 8. 检查酒吧每日工作情况； 9. 控制酒水成本，防止浪费，减少损耗，严防失窃； 10. 处理客人投诉或其他部门的投诉，调解员工纠纷； 11. 按需要预备各种宴会酒水； 12. 制定酒吧各类用具清单，定期检查补充； 13. 检查食品仓库酒水存货情况，填写酒水采购申请表； 14. 熟悉各类酒水的服务程序和酒水价格； 15. 制定各项鸡尾酒的配方及各类酒水的销售标准； 16. 制定各类酒水的酒杯及玻璃器皿清单，定期检查补充； 17. 负责解决员工的各种实际问题，例如制服、调班、加班、就餐、业余活动等； 18. 进行上下级之间的联系，向下级传达上级的决策，向上级反映员工情况； 19. 完成每月工作报告，向饮食部经理汇报工作情况； 20. 监督完成每月酒水盘点工作； 21. 审核、签批酒水领货单、百货领货单、棉织品领货单、工程维修单、酒吧调拨单。			
任职条件： 1. 具有大专以上文化程度，掌握一定的专业知识，有一定的英语会话能力； 2. 具有较丰富的管理经验； 3. 具有现代销售意识，能设计并组织各种推销活动； 4. 熟知酒店内部各项规章制度； 5. 善于评估、培训员工。			

表1-6　酒吧副经理岗位说明书

岗位职责及任职条件 Job Description			
岗位名称	酒吧副经理	岗位编号	002
所在部门	餐饮部	直接上级	酒吧经理
岗位定员	1	直接下级	酒吧主管
工作职责： 1. 保证酒吧处于良好的工作状态和营业状态； 2. 协助酒吧经理制订销售计划； 3. 编排员工工作时间，合理安排员工假期； 4. 根据需要调动、安排员工工作； 5. 督导下属员工努力工作； 6. 负责各种酒水销售服务，熟悉各类服务程序和酒水价格； 7. 协助经理制订培训计划，培训员工； 8. 协助制定鸡尾酒配方以及各类酒水的分量标准； 9. 检查酒吧日常工作情况； 10. 控制酒水成本，防止浪费，减少损耗，严防失窃； 11. 根据员工表现做好评估工作，执行各项纪律； 12. 处理客人投诉和其他部门投诉，调解员工纠纷； 13. 负责各种宴会的酒水预备工作； 14. 协助酒吧经理制定各类用具清单，并定期检查补充； 15. 检查仓库酒水存货情况； 16. 检查员工考勤，配置人力资源； 17. 负责解决员工的各种实际问题，例如制服、调班、加班、业余活动等； 18. 监督酒吧员工完成每月盘点工作； 19. 协助酒吧经理完成每月工作报告； 20. 进行上下级之间的联系； 21. 酒吧经理缺席时，代理酒吧经理行使各项职责。			
任职条件： 1. 具有大专以上文化程度，掌握一定的专业知识，有一定的英语会话能力； 2. 具有较丰富的管理经验； 3. 具有现代销售意识，能设计并组织各种推销活动； 4. 熟知酒店内部各项规章制度； 5. 善于评估、培训员工。			

表1-7　酒吧主管岗位说明书

岗位职责及任职条件 Job Description			
岗位名称	酒吧主管	岗位编号	003
所在部门	餐饮部	直接上级	酒吧副经理
岗位定员	2	直接下级	酒吧服务员

续表

工作职责： 1. 保证酒吧处于良好的工作状态和营业状态； 2. 正常供应各类酒水，做好销售记录； 3. 督导下属员工工作； 4. 负责各种酒水的服务，熟悉各类酒水的服务程序和酒水的价格； 5. 根据配方鉴定混合饮料的味道，熟悉其分量，能够指导和监督下属员工按标准出品； 6. 根据销售需要保持酒吧酒水的存货； 7. 负责各类宴会的酒水的准备和各项工作的准备； 8. 管理和检查酒水销售时的开单、结账工作； 9. 控制酒水的损耗，减少浪费，防止失窃； 10. 根据客人要求重新配制酒水； 11. 指导下属员工做好各种准备工作； 12. 检查每日酒水报表，进、销、存情况要清晰，并有必要进行实数的检查； 13. 检查员工的到岗情况，防止空岗现象出现； 14. 分派员工工作； 15. 检查仓库酒水存货状况； 16. 向上司提供合理化建议； 17. 处理客人投诉、调解员工纠纷； 18. 培训下属员工，根据员工表现作出鉴定； 19. 自己处理不了的事情及时转报上级。
任职条件： 1. 具有大专以上文化程度，具备一定英语会话能力； 2. 通晓酒店内服务的标准和要求，了解酒水服务过程和要求； 3. 通晓酒单所包含的全部内容、名称、价格和产地，与客人保持良好关系； 4. 有能力督促下属员工按标准进行工作； 5. 为员工作出表率，认真完成每次服务工作。

表1-8　调酒师岗位说明书

岗位职责及任职条件 Job Description			
岗位名称	调酒师	岗位编号	004
所在部门	餐饮部	直接上级	酒吧副经理
岗位定员	1	直接下级	酒吧服务员
工作职责： 1. 保证酒吧处于良好的工作状态和营业状态； 2. 正常供应各类酒水，做好销售记录； 3. 负责各种酒水的服务，熟悉各类酒水的服务程序和酒水的价格； 4. 根据配方鉴定混合饮料的味道，熟悉其分量，能够按标准出品； 5. 根据销售需要写货单和领用货； 6. 负责各类宴会酒水的各项准备工作； 7. 认真查看出品酒水的单据，避免出错；凡退单要严格按公司规定执行； 8. 控制酒水的损耗，减少浪费，防止失窃； 9. 根据客人要求配制酒水单中没有的鸡尾酒，满足客人要求； 10. 每天做好开吧工作；			

续表

11. 认真做好每日酒水报表，进、销、存情况要清晰； 12. 坚守岗位，避免空岗； 13. 参加各种酒水知识的培训和各类业务培训，熟悉业务知识； 14. 自己处理不了的事情及时转报上司；直接报告的上司是酒吧副经理。
任职条件： 1. 通晓酒单全部内容，熟悉酒吧服务全部过程、规定和要求； 2. 具有高中以上文化程度，具备一定英语会话能力； 3. 掌握鸡尾酒的配制标准、调制技术和方法； 4. 具有酒水成本管理、成本核算知识，掌握酒吧各种酒水成本、毛利水平，控制成本消耗； 5. 具有酒吧每日酒水、饮料领取、上货、盘点核算等知识和制作酒水成本报表的能力。

表1-9　酒吧服务员岗位说明书

岗位职责及任职条件 Job Description			
岗位名称	酒吧服务员	岗位编号	005
所在部门	餐饮部	直接上级	酒吧主管
岗位定员	2	直接下级	酒吧实习生
工作职责： 1. 保证酒吧处于良好的工作状态和营业状态； 2. 认真完成上级分配的任务，做到宾客至上； 3. 具体服务所有客人，如：开茶、清台、上酒水等； 4. 除上级有其他工作分配外，要坚守工作岗位； 5. 留意自己和工作岗位的清洁卫生； 6. 做好仪容、仪表的整洁，讲究个人卫生； 7. 认真做好开台前的准备和收尾工作； 8. 细心观察客人的情况，及时提供需求服务； 9. 积极参加培训，不断提高业务水平； 10. 服从上级的工作安排、调动，凡事先服从后上诉； 11. 清楚每天的特别介绍、估清单（收牌）； 12. 对食物及饮品有深切了解，遵照经营方针工作，按照规定的服务工作程序做好服务工作； 13. 盛情款待及注意观察顾客的需要，要求随时保持酒品台椅的整洁、整齐，准确无误地将食物或饮品送到客人台上； 14. 遇到客人投诉时，应立即报告上级处理； 15. 客人离去后，尽快清理现场。重新摆设餐台，继续做生意； 16. 按实际需要，做好餐前准备工作，预备及补充工作台的餐饮器皿及其他用具； 17. 擦亮餐具并经常保持餐厅环境及各项用具的整洁，使其符合卫生标准； 18. 能够与各级同事充分协作，为顾客提供良好的服务，又快又好地完成接待任务。			
任职条件： 1. 了解酒单内容，具有丰富的酒水知识和其他知识； 2. 了解为客人提供的服务程序，善于进行实际操作； 3. 能进行酒吧服务基本英语会话； 4. 具有高中以上文化程度； 5. 具有大方、礼貌、得体地为客人提供酒水的服务能力。			

二、酒吧相关职业

（一）调酒师

调酒师是在酒吧或餐厅等场所，进行酒水配制、销售及调酒技艺展示工作的人员。其主要工作内容包括：补充酒水和调酒所需辅料、装饰物；清洁酒吧，消毒调酒用具；装饰酒吧，陈设酒吧；设计酒品调制方案，调制混合酒、鸡尾酒或时令饮品；进行调酒技艺表演；展示、推介酒店的特色饮品；进行酒吧日常管理与核算。

（二）咖啡师

咖啡师是在咖啡馆或西餐厅等咖啡服务场所，进行咖啡拼配、焙炒、制作、销售及咖啡技艺展示等工作的人员。其主要工作内容包括：鉴别咖啡豆；根据咖啡豆的特性选用、拼配咖啡；使用咖啡设备、焙炒咖啡；使用咖啡设备、器具，制作、调配咖啡；使用咖啡设备、器具，制作咖啡饮品及其他饮料；制作与咖啡有关的轻食；展示咖啡技艺，推介特色咖啡饮品与有关的轻食；维护保养咖啡设备、器具，清洁工作和服务区域卫生；进行咖啡服务场所日常管理与核算。

（三）调饮师

调饮师是以水果、奶、茶叶等食材为原料，设计、调配、制作口味多元化调制饮品的人员。其主要工作内容包括：甄别和采购调制饮品所需原料；依据食品风味和营养成分，设计调制饮品配方和制作工艺；设计调制饮品造型；清洁操作吧台，消毒操作用具；依据配方，操作水吧设备，对原材料进行预处理，调制饮品；销售、展示、推介特色饮品；装饰营业场所，陈设并盘点原料。

（四）侍酒师

侍酒师是负责葡萄酒文化推广、酒单设计、餐酒配搭、酒窖管理和酒水知识培训的人员。他们根据葡萄酒的产地、酒庄、等级、年份、特色和价格以及餐厅的菜单风格来编制酒单，计算成本、定价，提供采购建议。他们还负责感官鉴别葡萄酒，管理酒窖的温/湿度控制，向客人介绍和推荐酒单，提供餐酒搭配建议，指导客人确认葡萄酒的各种信息，配置专用酒具，进行醒酒操作，并根据酒的年份和品质以及醒酒器的材料和形状来判断醒酒时间。他们还负责制订酒水服务培训计划，并对相关人员进行酒水知识和文化的培训。

（五）茶艺师

茶艺师是在茶室、茶楼等场所，展示茶水冲泡流程和技巧，以传播品茶知识的人员。其主要工作内容包括：鉴别茶叶品质；根据茶叶品质，选择相适的水质、水量、水温和冲泡器具，选配茶点；根据茶艺要求，选择音乐、服装、插花、香薰等；展示、解说茶水冲泡流程和技巧；介绍名茶、名泉及饮茶知识、茶叶保管方法；进行茶席设计等工作。

自学检测

请扫描二维码检测任务学习情况。

任务实训

<table>
<tr><td rowspan="2">任务名称：职业认知</td><td>姓名：</td><td>日期：</td></tr>
<tr><td>班级：</td><td>学号：</td></tr>
<tr><td colspan="3">任务描述：
通过学习酒吧岗位职责，深入了解酒吧各岗位的主要职责及工作内容，同时也熟悉调酒师、咖啡师、调饮师、侍酒师及茶艺师的定义及工作内容。为日后学生进入相关岗位打下坚实的理论基础。</td></tr>
<tr><td colspan="3">任务清单：
请根据所学内容，以小组为单位，完成以下任务。</td></tr>
<tr><td colspan="3">如果你想要开一家中小规模的酒吧，请编写一份酒吧组织架构图。并为你即将要入职的经理、主管、调酒师、酒吧服务员及实习生各编写一份岗位职责说明书。</td></tr>
<tr><td colspan="3"></td></tr>
</table>

评价反馈

评价指标	评价内容	分数	分数评定
信息检索	能有效利用网络、图书资源查找有用的相关信息等；能将查到的信息有效地传递到学习中	10分	
感知课堂生活	熟悉酒吧各岗位工作内容，认同工作价值；在学习中能获得满足感	10分	
参与态度	积极主动与教师、同学交流，相互尊重、理解、平等；与教师、同学之间能够保持多向、丰富、适宜的信息交流	10分	
	能处理好合作学习和独立思考的关系，做到有效学习；能提出有意义的问题或能发表个人见解	10分	
知识获得	阐述酒吧相关岗位及职业	10分	
	记忆酒吧相关职业的定义	10分	
	复述酒吧相关职业的主要工作内容	10分	
	描述酒吧各岗位职责	10分	
思维态度	能发现问题、提出问题、分析问题、解决问题、创新问题	10分	
自评反馈	按时按质完成任务；较好地掌握了知识点；具有较强的信息分析能力和理解能力；具有较为全面严谨的思维能力并能做到条理清晰	10分	
自评分数			
总结与反思			

拓展知识

酒吧相关职业的职业守则

调酒师的职业守则是：忠于职守，礼貌待人。清洁卫生，保证安全。团结协作，顾全大局。爱岗敬业，遵守纪律。钻研业务，精益求精。

咖啡师的职业守则是：热爱专业，忠于职守。遵纪守法，文明经营。礼貌待客，热情服务。真诚守信，一丝不苟。钻研业务，精益求精。

调饮师的职业守则是：忠于职守，爱岗敬业。科学严谨，不断进取。注重调查，实事求是。团队意识，宽厚容人。遵守公德，讲究诚信。

侍酒师的职业守则是：秉公守法，大公无私。传承匠心，创新技艺。客观准确，科学评判。精心勾调，用心品评。质量第一，客户至上。安全环保，清洁卫生。

茶艺师的职业守则是：热爱专业，忠于职守。遵纪守法，文明经营。礼貌待客，热情服务。真诚守信，一丝不苟。钻研业务，精益求精。

项目二

酒水认知

项目描述

酒水是一切含酒精与无酒精饮料的统称。掌握酒水的基础知识，对酒水从业人员来说能够最大限度地满足客人的需求。

学习目标

❶ **知识目标**

（1）记忆酒水、酒精和酒精度的概念。

（2）陈述酒水的分类。

（3）解释酒精度的表示方法。

❷ **能力目标**

（1）能够针对不同的酒精度进行换算。

（2）区分不同类型的酒水。

❸ **思政目标**

（1）培养学生良好的职业道德修养。

（2）培养学生热爱酒吧行业。

项目分析

❶ **重点**

不同酒精度之间的换算。

❷ **难点**

各类型酒水的区分。

项目内容

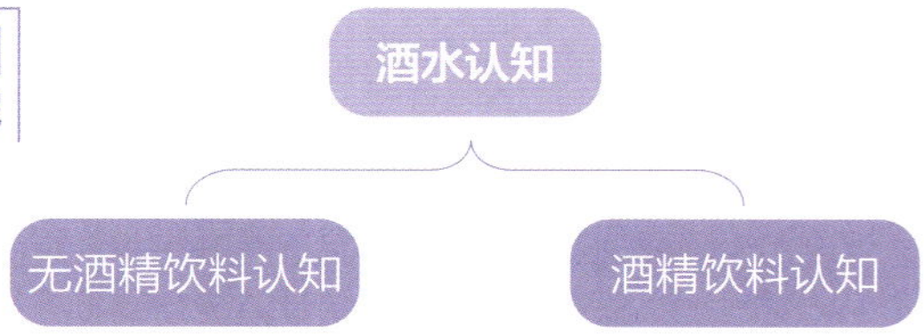

任务1 无酒精饮料认知

任务导入

当今社会，人们越来越重视保持健康和营养的饮食习惯的重要性。与众不同的无酒精饮料能够获得消费者的青睐，这在饮食业中是显而易见的，消费者的组成和口味发生变化，导致对无酒精饮料的需求增加。教师节快到了，某酒吧欲推出一系列以无酒精饮料为主的产品，酒吧主管小王和实习生小陈负责这项工作，他们需要如何做呢？

知识链接

无酒精饮料（No-Alcoholic Drink）又称软饮料（Soft Drink），是指酒精度不超过0.5°的提神解渴饮料。绝大多数无酒精饮料不含任何酒精成分，但也有极少数含有微量酒精成分，不过其作用也仅仅是调剂饮品的口味或改善饮品的风味而已。无酒精饮料是日常生活中补充人体水分的来源之一，碳酸饮料或其他的非碳酸饮料，如茶、咖啡、果汁和矿泉水等不仅能解渴，而且在饮用时还能产生愉快的感觉。无酒精饮料按照冷热进行分类，可分为，热饮料：茶、咖啡、可可；冷饮料：饮用水、碳酸饮料、果蔬汁饮料、乳品饮料。

无酒精饮料认知

一、茶

（一）茶的起源及发展

中国是世界上最早发现、种植和利用茶的国家，被称为茶的祖国。茶被我们祖先发现利用已有5000多年的历史。茶最早是作为食用和药用，饮用是在食用、药用的基础上形成的。陆羽所著《茶经》是中国历史上，也是世界历史上第一部茶文化专著，概括了茶的自然和人文科学双重内容，首次把饮茶作为一门艺术，并且把儒、道、佛三教的思想文化融入饮茶中，首创中国茶道精神。因此陆羽也被后人称为“茶圣”。如今，茶已成为风靡世界的三大无酒精饮料之一。全世界已有50余个国家种茶，有120多个国家的20亿人有饮茶习惯。

无酒精饮料认知——茶

（二）茶的分类

茶的分类有多种方法。按照制作工艺可分为：绿茶、红茶、黑茶、黄茶、白茶、青茶（表2-1）。通常所说的茶分类是按这种方法划分的。

表2-1　茶的分类

名称	发酵程度	特点	代表茶品
绿茶	不发酵茶	具有自然清香、味美、形美、耐冲泡等特点	西湖龙井、洞庭碧螺春、信阳毛尖、黄山毛峰、太平猴魁、庐山云雾
红茶	全发酵茶	具有红叶红汤、香气浓郁带甜、滋味甘醇和鲜爽的特点	祁门红茶、滇红、川红、宁红、荔枝红茶
黑茶	后发酵茶	品种丰富，是大叶种等茶树的粗老硬叶或鲜叶经后发酵制成，茶叶呈暗褐色，叶粗、梗多、茶汤黄褐色、香气浓郁、滋味醇厚。茶性温和，耐泡、耐煮、耐存放。各种黑茶的紧压茶是藏族、蒙古族和维吾尔族等民族日常生活的必需品	云南普洱茶、广西六堡茶、安化黑茶、重庆沱茶
黄茶	轻发酵茶	芽叶细嫩，色泽金黄、油嫩有光。黄叶黄汤，汤色橙黄明亮，香气清纯、滋味甜爽，十分可人	君山银针、蒙顶黄芽、广东大叶青
白茶	轻发酵茶	白茶是我国的特产。因成品茶多为芽头，满披白毫，色白隐绿，素有“银妆素裹”之美感，有清热降火之功效	白牡丹、白毫银针、安吉白茶
青茶	半发酵茶	适当发酵，使叶缘呈红色，叶片中间为绿色，三分红七分绿，美其名曰“绿叶红镶边”。青茶既有绿茶之清鲜，花茶之芳香，又有红茶之甘醇。青茶在六类茶中工艺最复杂费时，泡法也最讲究，所以喝青茶也被称为喝工夫茶	铁观音、水仙、大红袍、武夷岩茶

根据发酵程度不同将茶叶分为：全发酵茶、半发酵茶、轻发酵茶、后发酵茶、不发酵茶。根据我国出口茶的类别将茶叶分为：绿茶、红茶、青茶、白茶、花茶、紧压茶和速溶茶等。根据产地不同将茶叶分为：川茶、浙茶、闽茶等。根据生长环境不同将茶叶分为：平地茶、高山茶、丘陵茶。

二、咖啡

（一）咖啡的起源与发展

据考证，埃塞俄比亚的卡法（Kaffa）地区有一种植物，其果实被当地居民发现可以使牛羊变得兴奋、力大无穷，甚至有点疯疯癫癫。有人尝试嚼这种果实，发现味道不错，并且能够使人精神抖擞、振奋起来。人们开始采摘和种植这种植物，将其用作粮食、饮料和药品，并以来源地的名字“Kaffa”命名。后来，咖啡传播到世界各地，直到18世纪才正式以“Coffee”命名。

无酒精饮料认知——咖啡

另外，根据语言学家罗士德·奈洛伊的记载，阿拉伯牧羊人卡尔代在公元6世纪到埃塞俄比亚草原放牧时，注意到山羊吃了某种红色果实后变得兴奋。他尝试了这种果实，发现味道香甜，食后感到精神焕发。

（二）咖啡豆的分类

世界上的咖啡豆主要分为三种，即阿拉比卡种（Arabica）、罗布斯塔种（Robusta）和利比里卡种（Liberica）。

（1）阿拉比卡种咖啡豆　源自非洲埃塞俄比亚，生长于海拔600—2000米的地区，是目前种植最广泛的品种。阿拉比卡种咖啡豆多产于巴西、哥伦比亚、牙买加、加勒比海的哥斯达黎加以及埃塞俄比亚等国。阿拉比卡种咖啡豆呈椭圆形，较瘦长，中间线（Center Cut）呈S形。风味丰富、富含优质的酸质和甜感，风味富有层次感、味道均衡，咖啡因含量较少。

（2）罗布斯塔种咖啡豆　源自刚果，生长环境在海拔800米以下。罗布斯塔种咖啡豆主要产于乌干达、科特迪瓦、刚果、越南等国。罗布斯塔种咖啡树耐高温、耐寒、耐湿、耐旱，适应性极强。罗布斯塔种咖啡豆较圆较胖，中间线几乎成直线，其咖啡因含量是阿拉比卡种的近乎两倍，由于油脂丰富但味道相对单一，所以多适用于意式拼配咖啡或即溶咖啡。

（3）利比里卡种咖啡豆　源自利比里亚，生长环境在海拔600米以下，利比里卡种咖啡豆风味平平，经济价值不高，产量极少，仅作为种原研究或在非洲部分产国内交易，在世界咖啡市场较为少见。

三、可可

根据史料可知在公元前4000年亚马孙河盆地已经生长有野生的可可树了。最早使用可可豆的人或许就是这些用可可豆制成饮品的玛雅人了。16世纪前，可可种子十分珍稀，印第安人曾当作钱币使用，名叫“可可呼脱力”。这种钱币，可以磨成粉掺在玉米粉中做饼，印第安人十分爱吃这种饼，后来流传到南美洲和墨西哥的阿兹特克帝国，阿兹特克人称其为Xocoatl（意为“苦水”），他们为皇室专门制作热的饮料Chocolate（意为“热饮”），是“巧克力”这个词的来源。16世纪时哥伦布和西班牙人都发现并描述了这种植物和饮料，但他们不感兴趣。1544年一个多米尼加的玛雅贵族代表团拜访了西班牙的腓力王子，他们随身携带自己喝的可可饮料，引起了西班牙人的兴趣，西班牙人也开始喝这种饮料。18世纪瑞典的博学家林奈将其命名为“可可树”。后来，由于巧克力和可可粉在运动场上成为最重要的能量补充剂，发挥了巨大的作用，人们便把可可树誉为“神粮树”，把可可饮料誉为“神仙饮料”。

无酒精饮料认知——可可

四、饮用水

常见的饮用水类型如表2-2所示。

表2-2 常见的饮用水类型

名称	英文名称	解释
饮用水	Drinking Water	通常先从政府允许的水源处取水，然后进行过滤或用其他方法处理再装瓶
纯净水	Pure Water	经过蒸馏处理，去除普通水中所含的各种矿物质
天然水	Natural Water	天然水是指来自地下泉水或井水的饮用水
矿泉水	Mineral Water	矿泉水是指含有适量矿物质成分的水，如钙、镁、钠、钾等
气泡水	Sparkling Water	气泡水是指任何含有二氧化碳气体的水，可以是天然的，也可以是人工的

五、碳酸饮料

（一）碳酸饮料的主要原料

碳酸饮料是由调和糖浆（甜味剂、酸味剂、香精、色素、防腐剂、果汁）、二氧化碳和水等主要原料生产配制而成。

（二）碳酸饮料的分类

市面上常见的碳酸饮料如表2-3所示。

表2-3 碳酸饮料的分类

名称	英文名称	解释
普通型	Ordinary Type	通过在饮料中加压注入二氧化碳的饮料为普通型碳酸饮料，饮料中不含有人工合成香料和天然香料。常见的种类有苏打水（Soda Water）和带汽矿泉水
果汁型	Fruit Juice Type	果汁型碳酸饮料是指原果汁含量不低于2.5%的碳酸饮料，如橘汁汽水、橙汁汽水、菠萝汽水或混合果汁汽水等。这类汽水因为添加了一定量的原果汁，除具有相应水果所特有的色、香、味之外，还有较高的营养成分
果味型	Fruit Favored Type	以果香型食用香精为主要赋香剂，原果汁含量低于2.5%的碳酸饮料，如干姜水（Ginger Ale）、雪碧（Sprite）、汤力水（Tonic Water）等
可乐型	Cola Type	可乐型碳酸饮料是含有焦糖色、可乐香精或类似可乐果和水果香型的辛香、果香混合香型的碳酸饮料
低热量型	Low Calorie Type	低热量型碳酸饮料是以甜味剂全部或部分代替糖类的各种碳酸饮料和苏打水，成品热量低于75千焦/100毫升

六、果蔬汁饮料

果蔬汁饮料可分为天然果汁、果汁饮料、果肉果汁、浓缩果汁以及蔬菜汁等（表2-4）。

表2-4　果蔬汁饮料的分类

名称	英文名称	解释
天然果汁	Natural Juice	是指经过一定方法将水果加工制成未经发酵的汁液，具有原水果果肉的色泽、风味和可溶性固形物成分，果汁含量为10%
果汁饮料	Fruit Juice Drink	是指在果汁中加入水、糖水、酸味剂、色素等调制而成的单一果汁或混合果汁制品。成品中果汁含量不低于10%，如橙汁饮料、菠萝饮料、苹果饮料
果肉果汁	Pulp Juice	是指含有少量细碎果粒的饮料，如果粒橙等
浓缩果汁	Concentrated Juice	是指需要加水进行稀释的果汁。浓缩果汁中原果汁占50%以上，如浓缩柠檬汁等
蔬菜汁	Vegetable Juice	是指加入水果汁和香料的各种蔬菜汁，如番茄汁等

七、乳品饮料

乳品饮料根据配料不同，可分为纯牛乳和含乳饮料两种，国家标准要求含乳饮料中牛乳的含量不得低于30%。乳品饮料的分类如表2-5所示。

表2-5　乳品饮料的分类

名称	分类	解释
纯鲜牛乳	脱脂牛乳	把牛乳中的脂肪脱掉，使其含量仅为0.5%左右
	强化牛乳	在无脂或低脂牛奶中加入维生素A、B族维生素、维生素D、维生素E等营养成分
	加味牛乳	在牛乳中添加了有特殊风味的原料，改变了普通牛乳的味道
乳脂饮料	奶油	脂肪含量在30%～40%，常作其他饮料的配料
	淡奶油	脂肪含量在16%～22%，通常用来做咖啡的伴饮
	乳饮料	脂肪含量在10%～12%
发酵乳饮	酸乳	用脂肪含量在18%以上的乳品，加入乳酸发酵后，再加入特定的甜味料，使其具有苹果、菠萝和特殊风味的酸乳饮料
	酸奶	是一种有较高营养价值的特殊风味的饮料，它是以牛乳等为原料，经乳酸菌发酵而成的产品，这种产品的钙质最易被人体吸收。酸奶能够增强食欲，刺激肠道蠕动，促进机体的物质代谢从而增进人体健康。另外酸奶可加入水果等成分制成风味酸奶
冰激凌	奶油冰激凌	脂肪含量8%～16%，总干物质含量33%～42%，糖分含量14%～18%
	牛乳冰激凌	脂肪含量5%～8%，总干物质含量32%～34%
	果味冰激凌	脂肪含量3%～5%，总干物质含量28%～32%
	水果冰激凌	以水果为原料，制作而成的冰激凌
含乳饮料	含乳饮料是以奶粉为原料，加以蔗糖、有机酸、糖精、香料配制而成的乳品饮料，可分为配制型与发酵型两种	

自学检测

请扫描二维码检测任务学习情况。

任务实训

<table>
<tr><td rowspan="2">任务名称：无酒精饮料认知</td><td>姓名：</td><td>日期：</td></tr>
<tr><td>班级：</td><td>学号：</td></tr>
<tr><td colspan="3">任务描述：
通过学习酒水认知中的无酒精饮料认知，掌握无酒精饮料的基础知识，对酒水从业人员来说能够最大限度地满足客人的需求。</td></tr>
<tr><td colspan="3">任务清单：
请根据所学内容，以小组为单位，完成以下任务。</td></tr>
<tr><td colspan="3">1. 请为刚刚入职酒吧实习的小明，解释一下什么是无酒精饮料？各种无酒精饮料是如何分类的？</td></tr>
<tr><td colspan="3"></td></tr>
<tr><td colspan="3">2. 三位女士来到酒吧，因为一会儿要参加一个会议，所以想在这里喝一些无酒精饮料。请你为她们推荐三杯饮品，并说明理由。</td></tr>
<tr><td colspan="3"></td></tr>
<tr><td colspan="3">3. 点单结束后，实习生小明对店内的咖啡很感兴趣，请你为他介绍一下咖啡的产地。</td></tr>
<tr><td colspan="3"></td></tr>
<tr><td colspan="3">4. 中国是茶的故乡，请为实习生介绍一下各类茶的特点及代表茶品。</td></tr>
<tr><td colspan="3"></td></tr>
</table>

评价反馈

评价指标	评价内容	分数	分数评定
信息检索	能有效利用网络、图书资源查找有用的相关信息等；能将查到的信息有效地传递到学习中	10分	
感知课堂生活	熟悉茶、咖啡等无酒精饮料的概念，喜欢中国饮食文化，认同工作价值；在学习中能获得满足感	10分	
参与态度	积极主动与教师、同学交流，相互尊重、理解、平等；与教师、同学之间能够保持多向、丰富、适宜的信息交流	10分	
	能处理好合作学习和独立思考的关系，做到有效学习；能提出有意义的问题或能发表个人见解	10分	
知识获得	明确酒水的概念及分类	10分	
	阐述无酒精饮料的概念及内容	10分	
	记忆茶、咖啡等无酒精饮料的分类	10分	
	解释各类无酒精饮料所涵盖的内容	10分	
思维态度	能发现问题、提出问题、分析问题、解决问题、创新问题	10分	
自评反馈	按时按质完成任务；较好地掌握知识点；具有较强的信息分析能力和理解能力；具有较为全面严谨的思维能力并能做到条理清晰	10分	
自评分数			
总结与反思			

拓展知识

咖啡产地介绍

非洲产区的咖啡以花香、果香和水果调为主。著名的产国产区如下：

埃塞俄比亚：阿拉比卡的原产地，以日晒处理的西达摩和古吉产区最有名，味道以莓果和高甜感为主。

耶加雪菲：埃塞俄比亚的大产区，具有热带水果风味，酸质明亮清晰，日晒处理的豆子带有浓郁的酒香味。

肯尼亚：非洲另一个代表性的咖啡产国，以莓果调性为特点，AA代表最高品质，具有浓郁的黑莓和葡萄柚味道。

坦桑尼亚：以乞力马扎罗咖啡闻名，具有醇厚质感、适宜的酸度和浓浓的香味。

乌干达：口感清香，适合制作各种口味的咖啡，乌干达是咖啡的主要种植国之一。

卢旺达：咖啡豆粒小均匀，带有水果般的酸味和红茶香气。

美洲产区的咖啡以坚果、核果和水果为主，其中包括：

巴西：世界最大的咖啡生产国，具有温和的香味、微酸和微苦，浓郁的花生坚果味道。

巴拿马：近年来备受关注的精品咖啡产国，以瑰夏品种和顶级庄园闻名。

牙买加：著名的牙买加蓝山咖啡，具有微酸、柔顺、带甘和细腻的口感。

任务2 酒精饮料认知

任务导入

小丽刚刚晋升为酒吧经理，下周马上有一批实习生加入酒吧。酒水知识多而复杂，特别是酒精饮料的相关内容，小丽应该向实习生们讲授哪些酒精饮料知识呢？

知识链接

酒精饮料（Alcoholic Drink）是一种酒精度在0.5°～75.5°的特殊饮料。它以含有淀粉或糖质的谷物或水果为原料，通过发酵、蒸馏等工艺酿制而成。酒精饮料是一种复杂的化学混合物，主要成分是乙醇。此外，它还含有水和多种其他化学物质，如酸、醛、醇等。虽然这些化学物质的含量很低，但它们对酒的质量和特色起着重要作用，因此酒中的含量非常关键。由于酒精饮料含有酒精成分，具有一定的刺激性，可以刺激神经、麻醉大脑，是人类日常生活中重要的饮品。根据酿造工艺的不同，酒精饮料可以分为发酵酒、蒸馏酒和配制酒。

一、发酵酒

（一）葡萄酒

白葡萄酒酿造过程

红葡萄酒酿造过程

1. 葡萄酒的定义

葡萄酒是用新鲜的葡萄或葡萄汁经发酵酿成的酒精饮料。根据国际葡萄与葡萄酒组织（OIV）的规定，葡萄酒只能是破碎或未破碎的新鲜葡萄果实或葡萄汁经完全或部分酒精发酵后获得的饮料，其酒精度不能低于8.5°。

2. 葡萄酒的分类

全世界葡萄酒品种繁多，一般可按颜色、含糖量、是否含二氧化碳，以及饮用方式进行分类，如表2-6所示。

表2-6　葡萄酒的分类

分类	名称	解释
按颜色分类	白葡萄酒	选择用白葡萄或浅红色果皮的酿酒葡萄，经过皮汁分离，取其果汁进行发酵酿制而成的葡萄酒，这类酒的色泽应近似无色、浅黄带绿、浅黄、禾秆黄
	红葡萄酒	选择用皮红肉白或皮肉皆红的酿酒葡萄，采用皮汁混合发酵，然后进行分离陈酿而成的葡萄酒，这类酒的色泽应成自然宝石红色、紫红色、石榴红色等。失去自然感的红色不符合红葡萄酒色泽要求
	桃红葡萄酒	此酒是介于红、白葡萄酒之间，选用皮红肉白的酿酒葡萄。进行皮汁短时期混合发酵达到色泽要求后进行分离皮渣，继续发酵，陈酿成为桃红葡萄酒。这类酒的色泽应该是桃红色或玫瑰红、淡红色
按含糖量分类	干葡萄酒	原料（葡萄汁）中糖分完全转化成酒精，残糖量在0.4%以下。口评时已感觉不到甜味。只有酸味和清怡爽口的感觉。干葡萄酒是世界市场主要消费的酒品种，也是我国旅游和外贸中需要量较大的种类。干葡萄酒由于糖分极少，所以葡萄品种风味体现最为充分，通过对干葡萄酒的品评是鉴定葡萄酿造品种优劣的主要依据
	半干葡萄酒	含糖量为4～12克/升，欧洲与美洲消费较多
	半甜葡萄酒	含糖量为12～40克/升，味略甜，是日本和美国消费较多的品种
	甜葡萄酒	葡萄酒含糖量超过40克/升，口评能感到甜味的称为甜葡萄酒。质量高的甜葡萄酒是用含糖量高的葡萄为原料，在发酵尚未完成时即停止发酵，使糖分保留在4%左右，但一般甜葡萄酒多是在发酵后另行添加糖分。中国及亚洲其他一些国家甜葡萄酒消费较多
按是否含二氧化碳分类	静态葡萄酒	不含二氧化碳的酒为静态葡萄酒
	气泡葡萄酒	含二氧化碳的酒为气泡葡萄酒，又分为两种：①天然气酒：酒内二氧化碳是发酵中自然产生的，如法国香槟省出产的香槟酒。②人工气酒：二氧化碳是用人工方法加入酒内的
按饮用方式分类	开胃葡萄酒	在餐前饮用，主要是一些加香葡萄酒，酒精度一般在18°以上，我国常见的开胃酒有“味美思”
	佐餐葡萄酒	同正餐一起饮用的葡萄酒，主要是一些干型葡萄酒，如干红葡萄酒、干白葡萄酒等
	餐后葡萄酒	在餐后饮用，主要是一些加强的浓甜葡萄酒

（二）啤酒

1. 啤酒的定义

啤酒是以大麦芽、酒花、水为主要原料，经酵母发酵酸制而成的饱含二氧化碳气体的含酒精饮料。现在国际上的啤酒大部分均添加辅助原料。有的国家规定辅助原料的用量总计不超过麦芽用量的50%。但在德国，除制造出口啤酒外，国内销售啤酒一概不使用辅助原料。常见的辅助原料为：玉米、大米、大麦、小麦、淀粉、糖浆和糖类物质等。

2. 啤酒的分类

全世界啤酒品种繁多，一般按以下几个方面进行分类（表2-7）。

表2-7　啤酒的分类

分类	名称	解释
根据啤酒颜色分类	淡色啤酒	淡色啤酒为啤酒产量最大的一种。淡色啤酒又分为淡黄色啤酒、金黄色啤酒。淡黄色啤酒口味淡爽，酒花香味突出。金黄色啤酒口味清爽而醇和，酒花香味也突出
	浓色啤酒	色泽呈红棕色或红褐色，浓色啤酒麦芽香味突出、口味醇厚、酒花苦味较清
	黑色啤酒	色泽是深红褐色乃至黑褐色，产量较低。黑色啤酒麦芽香味突出、口味浓醇、泡沫细腻，苦味根据产品类型而有较大差异
根据杀菌方式分类	鲜啤酒	啤酒包装后，不经巴氏灭菌的啤酒。这种啤酒味道鲜美，但容易变质，保质期7天左右
	熟啤酒	经过巴氏灭菌的啤酒。可以存放较长时间，可用于外地销售。瓶装保质期为6个月左右；听装保质期为12个月左右
根据酵母性质分类	上发酵啤酒	采用上面酵母。发酵过程中，酵母随二氧化碳，浮到发酵面上，发酵温度15～20℃。啤酒的香味突出
	下发酵啤酒	采用下面酵母。发酵完毕，酵母凝聚沉淀到发酵容器底部，发酵温度5～10℃。啤酒的香味柔和。世界上绝大部分国家为下发酵啤酒。我国的啤酒均为下发酵啤酒

（三）黄酒

1. 黄酒的定义

黄酒以大米、黍米为原料，一般酒精度为14°～20°，属于低度酿造酒。黄酒含有丰富的营养，含有21种氨基酸，故被誉为“液体蛋糕”。

2. 黄酒的起源及发展

黄酒是我国的民族特产，也称为米酒（Rice Wine），在世界三大酿造酒（黄酒、葡萄酒和啤酒）中占有重要的一席之地。酿酒技术独树一帜，成为东方酿造界的典型代表和楷模。其中以浙江绍兴黄酒为代表的麦曲稻米酒是黄酒历史最悠久、最有代表性的产品；湖北襄阳黄酒、山东即墨老酒是北方粟米黄酒的典型代表；福建龙岩沉缸酒、福建老酒是红曲稻米黄酒的典型代表。

3. 黄酒的分类

黄酒可按照含糖量、原料和酒曲以及酿造方法进行分类，如表2-8所示。

表2-8　黄酒的分类

分类	名称	解释
按含糖量分类	干黄酒	“干”表示酒中的含糖量少，糖分都发酵变成了酒精，故酒中的糖分含量最低。最新的国家标准中，其含糖量小于1克/100毫升（以葡萄糖计），这种酒属稀醪发酵，总加水量为原料米的三倍左右。发酵温度控制得较低，开耙搅拌的时间间隔较短。酵母生长较为旺盛。故发酵彻底，残糖很低。在绍兴地区，干黄酒的代表是“元红酒”
	半干黄酒	“半干”表示酒中的糖分还未全部发酵成酒精，还保留了一些糖分。在生产上，这种酒的加水量较低，相当于在配料时增加了饭量，故又称为“加饭酒”，酒的含糖量为1%~3%。可以长久贮藏，是黄酒中的上品。我国大多数出口酒，均属此种类型
	半甜黄酒	这种酒糖分含量为3%~10%，采用的工艺独特，是用成品黄酒代水，加入发酵醪中，使糖化发酵的开始之际，发酵醪中的酒精浓度就达到较高的水平，在一定程度上抑制了酵母菌的生长速度，由于酵母菌数量较少，对发酵醪中产生的糖分不能转化成酒精，故成品酒中的糖分较高。这种酒，酒香浓郁，酒精度适中，味甘甜醇厚，是黄酒中的珍品。但这种酒不宜久存。贮藏时间越长，色泽越深
	甜黄酒	这种酒一般是采用淋饭操作法，拌入酒药，搭窝先酿成甜酒酿，当糖化至一定程度时，加入40%~50%浓度的米白酒或糟烧酒，以抑制微生物的糖化发酵作用，酒中的糖分含量达到10~20克/100毫升。由于加入了米白酒，酒精度也较高，甜黄酒可常年生产
	浓甜黄酒	这种酒的糖分大于或等于20克/100毫升
按原料和酒曲分类	糯米黄酒	是以酒药和麦曲为糖化发酵剂。主要生产于中国南方地区
	黍米黄酒	是以米曲霉制成的麸曲为糖化发酵剂，主要生产于中国北方地区
	大米黄酒	这是一种改良的黄酒。以米曲为糖化、发酵剂。主要生产于吉林及山东
	红曲黄酒	这是以糯米为原料，红曲为糖化、发酵剂。主要生产于福建及浙江两地
按酿造方法分类	淋饭酒	淋饭酒是指蒸熟的米饭用冷水淋凉。然后，拌入酒药粉末，搭窝，糖化，最后加水发酵成酒。口味较淡薄。这样酸成的淋饭酒，有的工厂是用来作为酒母的。即所谓的“淋饭酒母”
	摊饭酒	这是指将蒸熟的米饭摊在竹篦上，使米饭在空气中冷却，然后再加入麦曲、酒母（淋饭酒母）、浸米浆水等，混合后直接进行发酵
	喂饭酒	按这种方法酿酒时，米饭不是一次性加入，而是分批加入

（四）清酒

1. 清酒的定义

清酒是用大米酿制的一种粮食酒，它与我国黄酒是同一类型的低度米酒，制作方法也相似，先用熟米饭制曲，加米饭和水发酵，制出原酒，然后经过过滤、杀菌、储存、勾兑等一系列工序酿制而成。不过日本清酒比中国的糯米酒酒精度数高，最高可达到18°。

2. 清酒的起源及发展

日本清酒是借鉴中国黄酒的酿造方法而发展起来的。1000多年来，清酒是日本人最常喝的酒。据史料记载，古时候日本只有浊酒没有清酒，后来有人在浊酒中加入石炭使混浊物质沉淀，取其清澈的酒液饮用，于是便有了清酒之名。14世纪，日本的酿酒技术已成熟。

3. 清酒的分类

清酒一般可按酿造方法和口味进行分类，如表2-9所示。

表2-9　清酒的分类

分类	名称	解释
按酿造方法分类	米酒	纯粹用蒸熟的米饭酿制的清酒
	本酿酒	在米酒中加入少量蒸馏酒
	吟酿酒	用米粉酿制的酒
	大吟酿酒	用最细的米粉酿制的酒
按口味分类	甜口酒	糖分较多，酸度较低
	辣口酒	糖分少，酒精度偏高
	浓醇酒	浸出物、糖分含量多，口味浓厚
	淡丽酒	浸出物、糖分含量少，爽口
	高酸味清酒	酸度高、酸味大为其特征
	原酒	制成后不加水的清酒
	市贩酒	原酒加水装瓶出售的清酒

二、蒸馏酒

（一）白兰地

1. 白兰地的定义

白兰地（Brandy）是以葡萄为原料，发酵后经过蒸馏而制成的含酒精饮料。白兰地酒液为褐色，酒精度为38°～48°。此外，以其他水果为原料制成的蒸馏酒也称为白兰地，但是必须在白兰地名称前加原料名称。例如，以苹果为原料制成的白兰地称为苹果白兰地。

2. 白兰地的起源及发展

白兰地的发展可以追溯到公元7～8世纪，那时阿拉伯炼金术人在地中海国家多次利用蒸馏，将葡萄和水果制成医用白兰地。8世纪末，爱尔兰和西班牙已经生产白兰地。16世纪意大利、西班牙、法国和荷兰普遍使用两次蒸馏技术并通过橡木桶熟化方法制成优质的白兰地。通过蒸馏，白兰地不仅改变了葡萄酒味道过酸的缺点，而且成为具有独特风格、醇厚的烈性酒。18世纪白兰地已经占有法国酒类出口量的第一位。目前白兰地深受各国人民的喜爱，它的用途也越加广泛。著名的白兰地的生产国家有：法国、德国、意大利、西班牙、美国。

3. 白兰地的分类

白兰地可按照产地进行分类，代表产地有：法国、西班牙、美国和意大利，如表2-10所示。

表2-10　白兰地的分类

名称	解释
法国白兰地	法国白兰地是全世界最好的白兰地。法国白兰地以干邑（Cognac）和雅马邑（Armagnac）两地区出产的最有名，法国白兰地可以区分为许多等级
西班牙白兰地	西班牙白兰地的品质仅次于法国，产量也很大。主要产地在拉曼恰（La Mancha），因产品具有雪莉酒的果香，口感偏甜而带土壤味，适合饭后饮用
美国白兰地	美国白兰地中的一部分产于加州，它以加州产的葡萄为原料，发酵蒸馏至85°，贮存在白色橡木桶中至少2年，有的加焦糖调色。另外，美国还生产一种以苹果为原料的苹果白兰地。美国白兰地以苹果白兰地（Apple Brandy）最为著名
意大利白兰地	意大利白兰地的生产年代较早，最初生产果渣白兰地（Grappa），后来正式生产白兰地。意大利白兰地的口味比较浓重，饮用时最好加冰或加水冲调

（二）威士忌

1. 威士忌的定义

威士忌是英文Whisky的音译。出产威士忌的国家很多，在英语拼写上也有小小的区别。在苏格兰，威士忌被写作Whisky，而在美国则被拼写为Whiskey。在加拿大，其拼写是追随苏格兰的，而爱尔兰的拼写则与美国的相同。威士忌是以大麦、黑麦、小麦等谷物为原料，经发酵、蒸馏后放入橡木桶中醇化而酿成的高酒精浓度的饮料。酒精度在38°~60°。

2. 威士忌的起源及发展

据说，爱尔兰人15世纪就已经会酿造威士忌了，之后爱尔兰人将威士忌的生产技术传到苏格兰。到18~19世纪，苏格兰人为逃避国家对威士忌酒生产和销售的苛税，许多威士忌制造者到苏格兰高地继续酿造。在那里，他们发现了优质的水源和大麦原料。高地资源不足，燃料缺乏时他们就用当地的泥炭代替，容器不足时他们就用盛西班牙雪莉酒的空橡木桶来装威士忌，暂时卖不出去的酒会被存储在高地的小屋内。谁知因祸得福，这样反而产生了风格独特的苏格兰威士忌。

3. 威士忌的分类

威士忌按照产地可分为苏格兰威士忌、爱尔兰威士忌、美国威士忌和加拿大威士忌，如表2-11所示。

表2-11　威士忌的分类

名称	解释
苏格兰威士忌	苏格兰威士忌是最负盛名的世界名酒，在苏格兰有著名的四大产区，即高地（Highlands）、低地（Lowlands）、康贝尔镇（Campbeltown）和艾莱岛（Islay）。苏格兰威士忌与其他国家威士忌相比，具有独特的风格，品尝美酒能使人感受到浓厚的苏格兰乡土气息，口感甘洌、醇厚、圆正、绵柔。苏格兰威士忌有上千个品种，按照原料和酿造方法的不同，分为纯麦威士忌、谷类威士忌和兑合威士忌三种

续表

名称	解释
爱尔兰威士忌	爱尔兰威士忌的风格和苏格兰威士忌比较接近。其中，最大的差别在于，爱尔兰威士忌在烘干麦芽时，没有使用泥煤，所以没有最明显的烟熏焦香味，口味比较绵柔长润。爱尔兰威士忌比较适合制作混合酒和与其他饮料掺兑共饮。除此之外，爱尔兰威士忌是世界上唯一需经三次蒸馏而成的威士忌，酒质更为清爽
美国威士忌	美国是世界上最大的威士忌生产国和消费国。美国制造威士忌的方式与苏格兰制造谷物威士忌的方式相似，但所用原料有所不同，蒸出的酒精纯度也较低。美国威士忌的主要生产地在美国肯塔基州的波旁地区，所以美国威士忌也被称为波旁威士忌。美国威士忌的酒液呈棕红色微带黄，清澈透亮，酒香优雅，口感醇厚、绵柔，回味悠长，酒体强健壮实
加拿大威士忌	加拿大威士忌属于调配威士忌，是由玉米与少量的裸麦、小麦及大麦麦芽酿制而成的。著名产品是裸麦威士忌和混合威士忌。加拿大威士忌酒液呈棕黄色，酒香芬芳，口感清爽。这种独特的风味，是由较冷气候和水质对谷物产生影响，以及蒸馏完马上调配促成的。加拿大法律规定，威士忌要贮存于木桶内至少2年才能装瓶，上市的酒要贮藏6年以上

（三）伏特加

1. 伏特加的定义

伏特加的名字源自俄语“Boska”一词，是“水酒”的意思。其英语名字是Vodka，即俄得克，所以伏特加又称为俄得克酒。它是以马铃薯或玉米等多种谷物为原料，用重复蒸馏、精炼、过滤的方法，除去其中所含毒素和其他异物的一种纯净的高酒精浓度的饮料。酒精度高达90°，最后用蒸馏水稀释成40°～50°的含酒精饮料。

2. 伏特加的起源及发展

据记载，俄罗斯最早在12世纪就开始蒸馏伏特加，当时主要用于治疗疾病，生产原料是一些便宜的农产品，如小麦、大麦、玉米、马铃薯和甜菜等。除俄罗斯外，很多权威人士认为伏特加的产生和波兰人有着千丝万缕的联系，波兰人也认为他们才是伏特加的创始人。

很长一段时间，伏特加只在东欧、北欧的一些国家流行。俄国革命后，大量的俄国贵族逃到欧洲，西欧国家才有了伏特加的生产，伏特加逐渐成为西欧流行的饮品。第二次世界大战后，伏特加制作技术被带到美国，并随着在鸡尾酒中的广泛应用而逐渐盛行。

3. 伏特加的分类

根据原料和酿造方法不同，伏特加可分为中性伏特加和加味伏特加，如表2-12所示。

表2-12　伏特加的分类

名称	解释
中性伏特加	中性伏特加除酒精味无其他气味，无色、无杂味、味烈、劲大。由于所含杂质少，口感纯净，并且可以以任何浓度与其他饮料混合饮用，所以常被用作鸡尾酒的基酒。中性伏特加不用陈酿，是伏特加中最主要的产品
加味伏特加	加味伏特加是将中性伏特加在橡木桶中储藏或浸泡花卉、药草、水果等而制成的，浸泡花卉等可增加其芳香和颜色。目前波兰等国家都在生产加味伏特加

（四）金酒

1. 金酒的定义

金酒是以谷物为原料，加入杜松子等香料，经过发酵、蒸馏制成的含酒精饮料，所以金酒又称为杜松子酒。金酒属于调配蒸馏酒，其最大的特点是散发令人愉快的香气。

2. 金酒的起源及发展

金酒是人类第一种为特殊目的制造的烈性酒。17世纪荷兰莱登大学医学院的西尔维亚斯（Sylvius）教授发现杜松子有利尿的作用，就将其浸泡于食用酒精中，再蒸馏成含有杜松子成分的药用酒，经过临床试验证明，这种酒还有健胃、解热等功效。于是，他将这种酒推向市场，并很快受到消费者的普遍喜爱。不久，英国海军将杜松子酒带回伦敦，也受到人们的喜爱，为了符合英语发音的需要，称之为“GIN”。随着技术的不断发展，英国金酒成为与荷兰金酒风味不同的干型烈性酒。

3. 金酒的分类

金酒可按照生产国家分为：荷式金酒和英式金酒，如表2-13所示。

表2-13 金酒的分类

名称	概述	特点
荷式金酒	荷式金酒产于荷兰，金酒是荷兰的国酒	荷式金酒色泽透明清亮，酒香味突出，香料味浓重，辣中带甜，风格独特。无论是净饮或者加冰都很爽口，酒精度为50°左右。荷式金酒不宜做混合酒的基酒，因为它有浓郁的松子香、麦芽香，会淹没其他酒的味道
英式金酒	英式金酒又称伦敦干金酒。它最初是在伦敦周围地区生产的金酒，目前这个名字已经没有任何地理意义了，它仅代表清淡型的金酒品种，美国也有生产	英式金酒的生产过程较荷式金酒简单，是用谷物酿制的中性酒精和杜松子及其他香料共同蒸馏而得到的干金酒。其特点是无色透明，口感甘洌、醇美，不甜，气味奇异清香。所以既可以单饮，又可以与其他酒调配或做鸡尾酒的基酒

（五）朗姆酒

1. 朗姆酒的定义

朗姆酒是英文“RUM”的音译，又被译为兰姆酒、罗姆酒。朗姆酒是以甘蔗或者甘蔗制糖的副产品——糖蜜和糖渣为原料，经原料处理、发酵、蒸馏，在橡木桶中陈酿而成的烈性酒。朗姆酒具有细致、甜润的口感，芬芳馥郁的酒精香味。

2. 朗姆酒的起源及发展

17世纪初，在北美洲（西印度群岛）的巴巴多斯岛，一位掌握蒸馏技术的英国移民以甘蔗为原料，蒸馏出朗姆酒，当地居民喝得很兴奋，而兴奋一词在当时的英语中为“Rum bullion”，所以他们用词首“RUM”作为这种酒的名字。很快这种酒就成为廉价的大众化烈酒，我们经常在一些影片中看到海盗们拎着一瓶朗姆酒，喝得醉醺醺的，因此朗姆酒的绰号又叫作“海盗之酒”。18世纪，随着世界航海技术的进步以及欧洲各国殖民地政府的推进，朗姆酒在世界上广泛传播。

3. 朗姆酒的分类

根据不同的甘蔗原料和酿造方法，朗姆酒可分为白色朗姆酒、金色朗姆酒和深色朗姆酒，如表2-14所示。

表2-14 朗姆酒的分类

名称	解释
白色朗姆酒	白色朗姆酒又称淡色朗姆酒，酒液无色或浅色，为清淡型朗姆酒，主要产地是波多黎各。制造时让入桶陈化的原酒，经过活性炭过滤，除去杂味
金色朗姆酒	酒液呈金黄色，味柔和、稍甜，是介于白色朗姆酒和深色朗姆酒之间的酒液，通常是用两种酒混合而成
深色朗姆酒	深色朗姆酒又称黑色朗姆酒，呈深褐色，味浓郁。主要产地是牙买加，它是浓烈型朗姆酒，由掺入甘蔗糖渣的糖蜜在天然酵母菌的作用下缓慢发酵，然后在蒸馏器中进行二次蒸馏，最后在橡木桶中熟化5年以上而制成的

（六）特基拉

1. 特基拉的定义

特基拉（Tequila）又称特其拉，特基拉是以墨西哥的植物龙舌兰（Agave）为原料，经过发酵、蒸馏得到的烈性酒，又称为龙舌兰酒。

2. 特基拉的起源及发展

相传很早以前，人们从野火燃烧后的地里，偶然发现龙舌兰的根茎受热发酵后会产生一种奇特的滋味，于是，萌发了以此酿造酒的想法。这种酒，因产于墨西哥的特基拉小镇，而被称为“特基拉酒”。每逢喜庆或是贵客临门，墨西哥人必定要奉上被誉为国酒的特基拉。

3. 特基拉的分类

根据特基拉的颜色，可分为银色特基拉和金色特基拉，如表2-15所示。

表2-15 特基拉的分类

名称	解释
银色特基拉	酒液无色，又称白色特基拉，不需要熟化，为非陈年酒
金色特基拉	酒液呈金黄色，为短期陈酿酒，要求在橡木桶中至少储存2～4年，以增添色泽和口味

（七）中国白酒

1. 中国白酒的定义

中国白酒是以谷物、薯类等为原料，经发酵、蒸馏而成的烈性酒。由于该酒为无色液体，因此被称为“白酒”。白酒的酒精度为38°～67°。白酒是中华民族的传统饮品，有数千年的历史，发展到现在，已经成为世界蒸馏酒中产量最大、品种最多的蒸馏酒，但由于中国白酒出口量很少，所以在其他国家影响不大。

2. 中国白酒的起源及发展

中国白酒的生产历史悠久，关于其起源，有多种说法，但都尚未定论。从龙山文化遗址和山东大汶口文化遗址中发现的许多酒具，如樽、高脚杯、小壶等，以及大量的文字记载，可以表明中国白酒已有4000～5000年的历史了。中国白酒是世界著名蒸馏酒之一。与其他国家的蒸馏酒相比，中国白酒大多具有无色透明、洁白晶莹、馥郁纯净、余香不尽、醇厚柔绵、甘润清洌、味感丰富、酒体协调、变化无穷的特点。

3. 中国白酒的分类

中国白酒按照香型进行分类，可分为酱香型、浓香型、清香型、米香型和兼香型，如表2-16所示。

表2-16 中国白酒的分类

分类	解释	代表
酱香型	这类香型的白酒香气香而不艳，低而不淡，醇香幽雅，不浓不猛，倒入杯中过夜香气久留不散，且空杯比实杯还香，令人回味无穷	贵州茅台酒
浓香型	浓香型的酒具有芳香浓郁、绵柔甘洌、香味协调、入口甜、落口绵、尾净余长等特点。这也是判断浓香型白酒酒质优劣的主要依据。浓香型白酒的品种和产量均属全国大曲酒之首，全国八大名酒中，五粮液、泸州老窖、剑南春、洋河大曲、古井贡酒都是浓香型白酒中的优秀代表	四川泸州老窖
清香型	清香型白酒酒气清香芬芳醇正，口味甘爽协调，酒味醇正，醇厚绵软。其特点是清、爽、醇、净。清香型风格代表了我国老白干酒类的基本香型特征	山西杏花村汾酒
米香型	米香型白酒蜜香轻柔，幽雅纯净，入口柔绵，回味怡畅，给人以朴实纯正的美感。这类酒的代表有桂林三花酒、全州湘山酒、广东长乐烧等小曲米酒	桂林三花酒
兼香型	兼香型通常又称为复香型，即兼有两种及以上主体香气的白酒。这类酒在酿造工艺上吸取了清香型、浓香型和酱香型白酒之精华，在继承和发扬传统酿造工艺的基础上独创而成。这种酒的闻香、口香和回香各有不同香气，具有一酒多香的风格	董酒

三、配制酒

配制酒是一个比较复杂的酒品系列，它的诞生晚于其他单品酒，但发展却很快。配制酒主要有两种配制工艺，一种是在酒和酒之间进行勾兑配制；另一种是将酒与非酒精物质（包括液体、固体和气体）进行勾兑配制。配制酒的基酒可以是原汁酒，也可以是蒸馏酒，还可以是两者兼而有之。生产配制酒较为有名的国家也是欧洲主要产酒国，其中法国、意大利、匈牙利、希腊、瑞士、英国、德国、荷兰等国的产品最为有名。

配制酒的品种繁多，风格各有不同，划分比较困难。比较流行的分法是将配制酒分为：开胃酒（Aperitif）、甜食酒（Dessert Wines）、利口酒（Liqueur）。另一种比较流行的分法是将配制酒分为：中国配制酒和外国配制酒。

（一）开胃酒

1. 开胃酒的定义

开胃酒又称为餐前酒。开胃酒的名称源于专门在餐前饮用的能增加食欲的酒。开胃酒的概念比较含糊，随着饮酒习惯的演变，开胃酒指专门用于以葡萄酒和某些蒸馏酒为主要原料的配制酒，如：味美思（Vermouth）、比特酒（Bitters）和茴香酒（Anisette）等。开胃酒大约在公元前400年就开始流行了，当时，酿造这些酒的是药剂师，主要提供给皇家贵族们饮用。因为他们认为这些酒是长生不老药。不过，因为开胃酒酿酒的香料、草药有40多种，所以开胃酒的确具有一定的药效。意大利和法国是世界上著名的开胃酒产地。

2. 开胃酒的分类

开胃酒一般可分为味美思、比特酒和茴香酒三类，如表2-17所示。

表2-17　开胃酒的分类

名称	解释	主要名品
味美思	味美思是以葡萄酒为基酒，并加入各种植物的根、茎、叶、皮、花、果实以及种子等芳香物质酿造而成的。因为这种酒中加入了苦艾草（Wormwood），因此人们也称为苦艾酒。味美思以意大利、法国生产的最为著名	仙山露（Cinzano） 马天尼（Martini） 香白丽（Chambery） 杜法尔（Duval）
比特酒	比特酒是从古药酒演变而来，至今还保留着药用和滋补的功能。比特酒是用多种植物原料，以酒浸制调制而成的。其酒精度为18°～45°，具有助消化、滋补和兴奋的作用。比特酒与味美思的不同之处在于比特酒带苦原料的比例较大，有金鸡纳树皮、苦橘皮、苦柠檬皮、龙胆草、阿尔单斯草。比特酒的配制酒基用葡萄酒或食用酒精，现在越来越多采用食用酒精直接与草药掺兑工艺。比特酒品种繁多，有清香型的，也有浓香型的；有淡色比特酒，也有深色比特酒；有比特酒，也有比特精	金巴利（Campari） 杜本内（Dubonnet） 安格斯特拉苦精（Angostura Bitters）
茴香酒	茴香酒是用茴香油与食用酒精或蒸馏酒配制而成的。茴香油一般从八角茴香和青茴香中提取，前者多用于开胃酒制作，后者多用于利口酒制作。茴香酒有无色和染色之分，酒液视品种的不同而呈不同的颜色。一般茴香味很浓，味重而刺激，酒精度为25°左右	理察（Ricard） 培诺（Pernod）

（二）甜食酒

1. 甜食酒的定义

甜食酒是以葡萄酒为主要原料加入少量白兰地或者食用酒精而制成的一种含酒精饮料。其主要特点是口味较甜，通常是在佐助餐后甜食时饮用的酒品。这种酒的酒精含量超过普通餐酒的一倍，开瓶后仍可保存较长时间，甜食酒又称为强化葡萄酒。常见的甜食酒有雪莉酒、波特酒、玛德拉酒、玛萨拉酒等。

2. 甜食酒的分类

（1）雪莉酒（Sherry）　又称“赫雷斯”酒，原产于西班牙的加迪斯（Jerez），是西班牙的国酒。英国人称其为Sherry，英国人嗜好雪莉酒胜过西班牙人，人们于是以英文名字称其为雪莉酒。雪莉酒是以葡萄酒为基酒，以当地的葡萄蒸馏酒勾兑，采用独特的“烧乐腊”陈酿法，即每年逐级转桶，当最后一级的酒已陈酿完毕，放出三分之一装瓶，由上一级木桶的酒将之续满，一级一级往上类推，所以雪莉酒绝大多数是采用不同年份的产品调配而成的。陈酿15~20年时，质量最好，常见的有10年陈酿、20年陈酿。世界上许多国家都在生产雪莉酒，但以西班牙的赫雷斯周围生产的雪莉酒为最好，属于顶级酒品。

根据含糖量，雪莉酒有两大分类：干型雪莉酒（残余糖量≤5克/升）和甜型雪莉酒（残余糖量>5克/升），如表2-18所示。

表2-18　雪莉酒的分类

名称	分类	解释
干型雪莉酒	菲诺雪莉（Fino）	菲诺酒体轻盈，颜色如稻草般澄黄。它特有的香气是怡人的杏仁风味，还带有橄榄、火腿和炸马铃薯的香气
	曼萨尼拉雪莉（Manzanilla）	产于海滨的干型雪莉酒，色泽金黄，口感清淡，酒质柔和细腻 带有丝丝咸味，具有杏仁的苦味
	阿蒙蒂亚雪莉（Amontillado）	半干型的雪莉酒，酒液呈琥珀色，口味柔和浓醇，有坚果的香味，略带辣味。这种酒是难得的陈年酒
	欧罗索雪莉（Oloroso）	颜色较深，口感丰富。这款雪莉酒散发着浓郁的核桃和焦糖的香气，适宜与肥肉、芝士等食物搭配
	帕罗卡特多雪莉（Palo Cortado）	是一款比较少见的雪莉酒。酿造这款雪莉酒先要经过菲诺的过程（酵母发酵），然后由菲诺发展到阿蒙蒂亚雪莉（酒花停止生长），最后转变为帕罗卡特多雪莉。这款干型雪莉酒呈红褐色，香气浓郁且具有吸引力
甜型雪莉酒	自然甜型	自然甜型雪莉酒全部都进行氧化型熟化，非常稀有，用来酿造自然甜型雪莉酒的葡萄果实通常成熟度非常高，酒庄有时还会通过自然风干的方式来浓缩糖分，葡萄汁经过部分发酵后，再加强至17%（ABV），部分糖分得以保留
	加甜型	加甜型风格雪莉酒可分为浅色加甜型（Pale Cream）、半甜型（Medium）和加甜型（Cream）

（2）波特酒（Porto）是著名的加强葡萄酒之一。原产于葡萄牙，现在在美国、澳大利亚也有生产。品质最好的波特酒来自葡萄牙波尔图市。波特酒是用葡萄汁发酵与白兰地勾兑而成的配制酒。波特酒的色泽非常艳丽。作为餐后甜酒，红波特酒在世界上享有很高的声誉。波特酒受酿酒年份、呈酿期限和勾兑过程不同，会形成不同风格的酒。常见的波特酒分为以下类型，如表2-19所示。

表2-19　波特酒的分类

名称	解释
宝石红波特酒	此酒降酸时间最短，只有5~8年。成品酒由数种原酒混合勾兑而成，装瓶后酒质稳定不变。酒液色如红宝石，味甘甜，后劲大，果香浓郁
白波特酒	此酒由白葡萄酒酿制而成，酒液色泽越浅，口感越干的酒，品质越好

续表

名称	解释
茶色波特酒	此酒是波特酒中的优质产品。一般来说，陈酿期不比宝石红波特酒长，但酒色较深，呈深红或红中带棕。这类酒最好的产品经长期陈酿呈茶色。酒标上会注明用于混合的各种酒的平均酒龄
年份波特酒	此酒是最好、最受欢迎的波特酒，由一个特别好的葡萄丰收年收获的葡萄酿造而成，在酒标上注明年份。陈酿先在桶中进行，2～3年后装瓶继续陈酿，10年后老熟，寿命长达35年。装瓶后的酒质会发生变化，酒液色泽深红，酒质细腻，口味醇厚，酒香协调。陈化过程中会自然产生沉淀，饮用前要滗酒。后期装瓶的年份波特酒是同类酒中的极品，陈酿时间长，单在木桶中就陈酿4～6年，简称LBV

（3）玛德拉酒（Madeira） 产于葡萄牙的玛德拉岛上，是以地名命名的酒品。该酒是用当地生产的葡萄酒与白兰地勾兑而成的一种强化葡萄酒。玛德拉酒是世界上寿命最长的葡萄酒，最长可以达到200年之久。玛德拉酒酒精度为16°～18°，大多数属于白葡萄酒类，饮用初期需稍微烫一下，越干越好，作为饭前开胃酒饮用最佳。

（4）玛萨拉酒（Marsala） 产于意大利西西里岛的玛萨拉地区。玛萨拉酒是用当地生产的白葡萄酒中加酒勾兑而成。勾兑好的酒陈酿于橡木桶4～5个月或更长的时间。

（三）利口酒

1. 利口酒的定义

利口酒又称为利乔酒，由英文Liqueurs音译而来，美国称Cordial，是拉丁文，被誉为富有魅力的“液体宝石”。它是以食用酒精和其他蒸馏酒为基酒，配制各种调香物品，并经过甜化的处理（一般要加1.5%的糖蜜）的酒精饮料。具有高度或中度的酒精含量，颜色娇美，气味芬芳独特，酒味甜蜜。此酒有帮助消化的作用，故法国人称为Digestif（消化），在餐后饮用。宴会中在餐后饮用利口酒，由侍者用精美的银盘放置很多只容量为2盎司的利口酒杯请客人取用，使宴会达到高潮。因利口酒含糖量较高，相对密度大，色彩鲜艳，所以常用来增加鸡尾酒的颜色、香味，突出其个性，仅以数滴利口酒之量就可以使一杯鸡尾酒改变风格，利口酒更是调和彩虹酒不可缺少的材料。另外，还可用利口酒来做烹调，烘烤、制冰激凌、布丁以及一些甜点的配料等。

2. 利口酒的分类

利口酒可以分为水果类、种子类、香草类、果皮类和乳脂类，如表2-20所示。

表2-20 利口酒的分类

分类	解释
水果类	以水果为原料制成并以水果名称命名的利口酒，如樱桃利口酒等
种子类	以果实的种子制成的利口酒，如杏仁酒等
香草类	以花、草为原料制成的利口酒，如薄荷酒、茴香酒等
果皮类	以某种特殊香味的果皮制成的利口酒，如橙皮酒
乳脂类	以各种香料和乳脂调配出各种颜色的奶酒，如可可奶酒等

自学检测

请扫描二维码检测任务学习情况。

任务实训

<table>
<tr><td rowspan="2">任务名称：酒精饮料认知</td><td>姓名：</td><td>日期：</td></tr>
<tr><td>班级：</td><td>学号：</td></tr>
<tr><td colspan="3">任务描述：
学习者通过学习发酵酒认知、蒸馏酒认知、配制酒认知。掌握酒精饮料的基础知识，对酒水从业人员来说能够最大限度地满足客人的需求。</td></tr>
<tr><td colspan="3">任务清单：
请根据所学内容，以小组为单位，完成以下任务。</td></tr>
<tr><td colspan="3">1. 酒吧来了两位客人，分别为德国和中国客人。他们都想点一瓶自己国家产的啤酒，请你为他们介绍啤酒的相关知识并推荐适合的啤酒。</td></tr>
<tr><td colspan="3"></td></tr>
<tr><td colspan="3">2. 一对情侣来到酒店，想要点一瓶葡萄酒，请你根据所学知识，向他们推荐一瓶合适的葡萄酒。</td></tr>
<tr><td colspan="3"></td></tr>
<tr><td colspan="3">3. 解释低度酒、中度酒、高度酒的概念，并各列举3个代表品种。</td></tr>
<tr><td colspan="3"></td></tr>
<tr><td colspan="3">4. 请画一张思维导图，将所有酒精饮料的分类写出来。</td></tr>
<tr><td colspan="3"></td></tr>
</table>

评价反馈

评价指标	评价内容	分数	分数评定
信息检索	能有效利用网络、图书资源查找有用的相关信息等；能将查到的信息有效地传递到学习中	10分	
感知课堂生活	认知酒精饮料，认同工作价值；在学习中能获得满足感	10分	
参与态度	积极主动与教师、同学交流，相互尊重、理解、平等；与教师、同学之间能够保持多向、丰富、适宜的信息交流	10分	
	能处理好合作学习和独立思考的关系，做到有效学习；能提出有意义的问题或能发表个人见解	10分	
知识获得	阐述各种酒精饮料的定义、分类	10分	
	记忆各种酒精饮料的酿造过程	10分	
	能够区分各种酒精饮料	10分	
	记忆各种酒精饮料的著名品牌	10分	
思维态度	能发现问题、提出问题、分析问题、解决问题、创新问题	10分	
自评反馈	按时按质完成任务；较好地掌握知识点；具有较强的信息分析能力和理解能力；具有较为全面严谨的思维能力并能做到条理清晰	10分	
自评分数			
总结与反思			

拓展知识

中国配制酒

中国配制酒据考证开始于春秋战国之前，产生时间较其他酒晚，但是发展迅速。中国的配制酒多以黄酒、葡萄酒、果酒、白酒和食用酒精为基酒，加入香料、果皮或者中药配制而成，生产过程简单，周期短，成本低。中国各少数民族都有自己悠久的民族民间医药和医疗传统，其中，内容丰富的配制酒是其重要组成部分之一，他们利用酒能“行药势、驻容颜、缓衰老”的特性，以药入酒，以酒引药，治病延年。明初，药物学家兰茂吸取各少数民族丰富的医药文化营养，编撰了独具地方特色和民族特色的药物学专著《滇南本草》。在这部比李时珍《本草纲目》还早一个半世纪的著作中，深入探讨了以酒行药的有关原则和方法，记载了大量配制酒的偏方、秘方。

露酒是以蒸馏酒、发酵酒或食用酒精为酒基，以食用动植物、食品添加剂作为呈香、呈味、呈色物质，按一定生产工艺加工而成，改变了其原酒基风格的饮料酒。它具有营养丰富、品种繁多、风格各异的特点。露酒酒种多样，包括花果型露酒、动植物芳香型露酒、滋补营养酒等酒种。露酒改变了原有的基酒风格，其营养补益功能非常符合现代消费者的健康需求。露酒原辅料可供选择的品种较多，近年来随着应用科技的发展，其应用范围不断扩大，野生资源类有红景天、刺梨等；花卉类有梨花、玫瑰、茉莉、菊花、桂花等，这为露酒产品拓展功能、扩大市场份额提供了广阔的空间。

药酒多选用50°～60°的白酒。酒精浓度太低不利于中药材中有效成分的溶出，而酒精浓度过高，有时反而使药材中的少量水分被吸收，使得药材质地坚硬，有效成分难以溶出。对于不善于饮酒的人来说或因病情需要，也可以采用低度白酒、黄酒、米酒或果酒等基酒，但浸出时间要适当延长，或复出次数适当增加，以保证药物中有效成分的浸出。制作药酒时，通常是将中药材浸泡在酒中，经过一段时间后，中药材中的有效成分溶解在酒中，此时即可过滤去渣后饮用。将强身健体的中药与酒“溶”于一体的药酒，不仅配制方便、药性稳定、安全有效，而且因为酒精是一种良好的半极性有机溶剂，中药的各种有效成分都易溶于其中，药借酒力、酒助药势而充分发挥其效力，提高疗效。

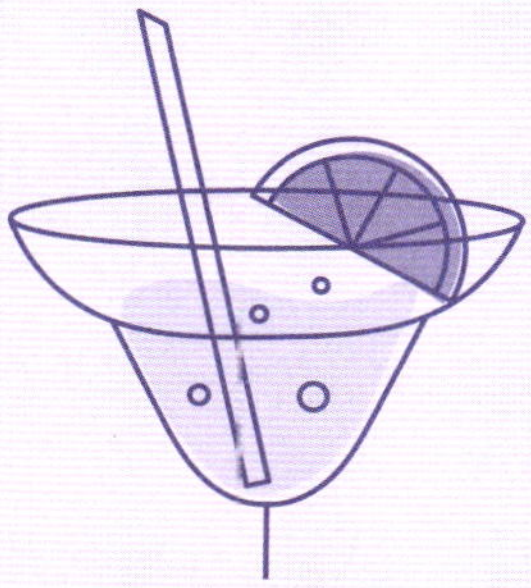

模块二

饮品制作

项目三

咖啡制作

项目描述

通过本项目的学习，学生可以具备在星级酒店与豪华游轮内的咖啡吧工作基础的能力，对单品咖啡制作、意式咖啡制作具备一定实践能力，培养学生创新意识与发展的潜能。

学习目标

❶ 知识目标

（1）描述单品、意式咖啡的特点、口感与分类。

（2）记忆单品、意式咖啡的制作方法和出品标准。

❷ 能力目标

（1）识别咖啡吧的设施设备及其安全操作能力。

（2）具备单品咖啡、意式咖啡制作的能力。

❸ 思政目标

（1）培养吃苦耐劳的精神、自主工作的意识及团队协作能力。

（2）培养节约资源、爱护公私财产等良好习惯。

（3）通过对咖啡技能的反复实操练习，培养学生精益求精的匠人工作态度。

项目分析

❶ 重点

各类经典咖啡的制作流程和出品标准。

❷ 难点

意式咖啡所需的热奶泡打发方法及拉花技巧。

项目内容

- 咖啡制作
  - 单品咖啡制作
  - 意式咖啡制作

任务1 单品咖啡制作

任务导入

茶酒不分家，咖啡亦是如此。曾几何时，走进一家咖啡店，除了熟悉的拿铁、澳白、卡布奇诺、美式、意式浓缩，一些咖啡店的菜单上开始出现了认识却看不懂的文字，比如埃塞俄比亚的日晒处理的浅烘咖啡豆，或者是肯尼亚水洗咖啡豆，这样的咖啡就属于单品咖啡。

如果说拼配的魅力在于能一直喝到风味平衡、品质稳定的咖啡，那么单品咖啡的魅力，则在于它的千变万化，每一杯都有它独特的味道，如同品茶、品酒，不同产地，单品咖啡由于原产地自然条件的不同，便会产出不同风味的咖啡豆，极具地域特性。

知识链接

一、单品咖啡的定义

从精品咖啡学来解释，单品咖啡是指从特定产地、特定产区、特定种植园生产的单一品种的咖啡豆，并带有独一无二的、能够体现当地风土的独特风味。通常会使用手冲和虹吸的方式来进行咖啡制作。

与之对应的概念是“拼配豆”，通常用于意式咖啡的制作。

二、单品咖啡豆的认知

在精品咖啡行业，提到单品咖啡豆就必须提到咖啡产区，单品咖啡豆的风味、质量与其产区密不可分。在全球范围内，单品咖啡豆分为三大主要咖啡豆产区。

（一）非洲产区

非洲是咖啡最早的原产地，虽然整个非洲大陆都有咖啡生产，但是得益于东非较高的海拔和常见的火山性质的土壤，非洲的优质咖啡通常来自埃塞俄比亚、肯尼亚、坦桑尼亚等国。有柑橘味和花香味咖啡豆，酸度偏高、醇度偏低。

（二）美洲产区

南美洲是咖啡产量最大的洲，仅巴西一国就包揽了全球近半的咖啡产量。南美洲咖啡总体来说，有可可味和坚果味，酸度低、醇度高。此产地的咖啡豆味道生动而温和，精致口味使它受到高度评价。

（三）亚洲产区

亚洲的咖啡种植面积也很大，包括越南、印度尼西亚、巴布亚新几内亚、也门，甚至中国云南都有咖啡。

亚洲出产的咖啡历史悠久，充满大地气息，有泥土芳香味和香料味，酸度、醇度适中。

三、单品咖啡冲泡方式

（一）手冲滴滤式咖啡

1. 手冲滴滤式咖啡起源

手冲滴滤式咖啡起源于器具的发明，早在1900年前，欧洲人多半以麻布、绒布袋或金属孔网来筛滤咖啡渣，滤布虽能滤除咖啡渣，但每次用完需要清洗，否则会发臭。

20世纪初，来自德国的梅丽塔（Melitta）女士发明了萃取咖啡的漏斗形的器具，早期的模型是在罐头筒的底部用钉子钻孔，然后将吸墨纸剪成圆形，铺在一个底部打有小孔的铜锅上，成了最初版的“滤杯”，吸墨纸质地轻薄，滤渣功能极优，用后即丢，非常方便，更重要的是泡出的咖啡没有咖啡渣，色泽透亮，口感干净清新。“滴滤式咖啡”概念由此诞生。

几经改良后，1908年梅丽塔滤纸和陶制滤杯获得德国专利，在欧洲大卖，世人总算喝到干净无渣的滤泡咖啡。

2. 手冲滴滤式咖啡设备

（1）滤杯　有如下几种。

①单孔式滤杯：1908年德国的梅丽塔女士发明的，通称“梅丽塔滤杯”。单孔式滤杯主要用于德式烘焙等中深度烘焙咖啡，而浅度烘焙的较易塞住滤孔。

②三孔式滤杯：因滤孔多，不容易堵塞，适用于各种烘焙度的咖啡，且只要调节萃取量就能调整浓度。三孔式滤杯也称为“卡利塔杯”。

③双孔式滤杯：效果介于单孔和三孔之间。

④V型滤杯（图3-1）：是目前手冲咖啡最常用的滤杯，特点是杯底有个大洞，使用的滤纸是圆锥形滤纸。从滤杯的里侧看，倾斜上有间距均匀的凹凸的沟槽，这些沟槽与肋骨相似，所以称之为肋骨，也叫螺纹。

图3-1　V型滤杯

滤杯沟槽的作用是让滤纸与滤杯之间有缝隙让空气通过，使咖啡粉能够充分焖蒸。如果没有沟槽，或将滤纸紧贴沟槽极浅的滤杯，热水注入后空气只能由杯底滤孔排出，结果就会存在大量排不出的空气像火山爆发一样由焖蒸状态的咖啡粉表面冲出，粉的表面开了个洞，冷空气进入，造成焖蒸不足。

（2）滤纸　是手冲咖啡常见的过滤器，其形状、颜色、材质、表面粗细及薄厚都会对手冲咖啡液产生影响。

咖啡冲煮所用的过滤器根据材质大致分为三种：滤纸、滤布、金属滤网。其中手冲咖啡一般使用的是滤纸。滤纸的形状通常分为三种：V60型滤纸、扇形滤纸、蛋糕滤纸。

（3）分享壶（图3-2）　手冲咖啡分享壶的作用主要在于承接咖啡液体，然后将咖啡液与旁人一同饮用。分享壶的材质主要为高硼硅玻璃，耐温差大（-20～150℃），安全系数高，并且不会有异味。

图3-2　分享壶

分享壶按照容量分，主要分为以下几种。

①300毫升及以下：这类最常见的是直身烧杯形状的，标有刻度，用于一人份直饮，也就是既是分享壶也是咖啡杯。

②400毫升左右：哈里欧（Hario）的01号分享壶（1～2杯份），卡利塔（Kalita）等其他品牌的小号分享壶也是此容量。

③600毫升左右：哈里欧（Hario）的02号分享壶（3～4杯份），基本上属于中号至大号分享壶，因为咖啡冲煮方式的原因，很少会一次冲煮过量咖啡，所以能买到的大多数滤杯就是为了适合这个容量的分享壶设计的。

④800毫升左右：哈里欧（Hario）的03号分享壶（5～6杯份），这个容量的分享壶比较少，因为日常家庭使用基本上600毫升容量就已足够。

（4）控温壶（图3-3）　由于手冲咖啡的冲煮用水有温度的要求，所以搭配使用的壶也是拥有调整温度的功能，我们通常使用的都是控温壶。控温壶品牌有很多，如卡利塔（Kalita）、哈里欧（Hario）、亚米（Yami）、博纳维塔（Bonavita）等，每个品牌都有自己的特色。

图3-3　控温壶

①壶嘴：新手选控温壶先从细壶嘴入手，使用壶嘴内径5毫米以下的细口壶，水流易控制，不会有过大的水流，细口壶适合初学者掌握均匀萃取。

②材质：材质的厚度会影响手冲壶的保温和导热性。材质越厚，保温性越佳，导热性越好，散热也越快，但壶身与壶颈间均温速度也会更好。

③壶身：手冲壶多为上窄下宽的造型，壶身宽窄比例，将直接影响水压与稳定度。

（5）磨豆机　单品咖啡磨豆机有手摇磨豆机（图3-4）和电动磨豆机（图3-5）两种类型。电动磨豆机相对于手摇磨豆机更均匀，更快速，只需一个按钮即可便捷完成咖啡研磨，通常拥有较多的研磨挡位，适应性广，与各种咖啡萃取设备的适配性较好。

图3-4　手摇磨豆机

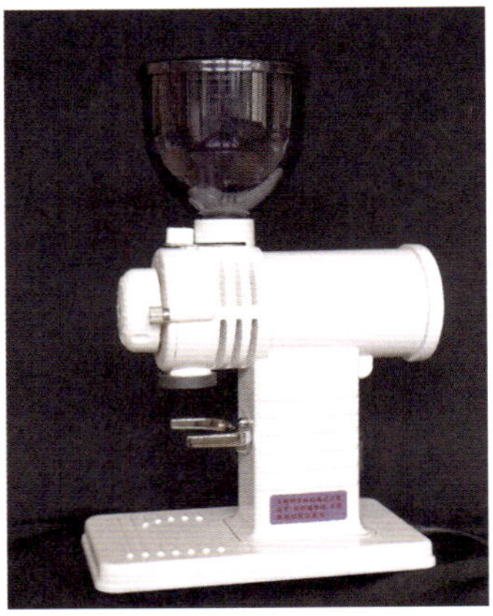

图3-5　电动磨豆机

3. 手冲咖啡的制作

（1）研磨度　在咖啡的冲泡环节中，影响咖啡风味的最大因素就是咖啡豆的研磨度。咖啡豆里的风味能被萃取出多少，取决于粉与水接触的面积。选对了研磨度，将得到一杯美味、甜感、风味均衡的咖啡。

研磨度对咖啡风味的影响：咖啡豆研磨度不同，味道会有很大的差异，豆子研磨得越细，苦味成分释出越多，反之，豆子研磨得越粗，苦味成分释出越少。因为咖啡豆越粗，咖啡颗粒之间的缝隙越大，水会迅速滴落，这样冲煮出的咖啡无杂味，风味也会较淡，口感单薄，所以不同的咖啡器具选择不同的咖啡研磨度非常重要。

另外，咖啡粉若磨得较粗，注入的热水会迅速滴落，无法充分萃取出味道和香气成分。不过相对地杂味也不会完全释出，完成的咖啡具透明感、味道清爽、柔和且酸味较重。

咖啡豆细磨的话，咖啡液的滴落速度非常缓慢，虽然充分释出苦味，但磨太细也易有杂味。因为细咖啡粉具有过滤层的作用，咖啡成分能被充分萃取出来，咖啡浓郁、味道醇厚。但是咖啡粉如果太细，成分会被过度萃取而产生苦涩味。

因此，手冲咖啡制作的第一步就是选好研磨度。一般来说，研磨度会根据咖啡豆的烘焙程度来决定，浅度烘焙的咖啡豆通常选择细研磨，深度烘焙的咖啡豆选择粗研磨，中度烘焙的咖啡豆选择中等研磨度。

就手冲族最常用的小飞鹰磨豆机而言，刻度＃3.5～#3浓淡适中，最适合中度烘焙的咖啡豆，且最适合新手尝试。

（2）咖啡冲煮粉水比例　研磨刻度找对了，但粉水比例不对，也不容易冲出美味咖啡。手冲咖啡的粉水比例通常在1∶12～1∶18，选择什么样的粉水比例，在于想要呈现的咖啡浓度。

①浓咖啡风味：1∶11～1∶10（咖啡粉重量比咖啡液毫升量），即金杯准则的1∶13.5～1∶12.5（咖啡豆重量比生水毫升量）。

②适中咖啡风味：1∶13～1∶12，即金杯准则的1∶15.5～1∶14.5。

③淡咖啡风味：1∶16～1∶14，即金杯准则的1∶18.5～1∶16.5。

（3）冲煮水温 手冲咖啡冲煮所使用的水温在86～96℃，水温与咖啡豆的烘焙程度息息相关。水温在88～94℃，适合中焙至浅焙豆子，水温在82～87℃适合重焙或中深焙豆子。

一般来说，手冲是在没有电源与火源持续加温的情况下进行萃取，因此冲泡过程很难保持恒温，水温会持续下降，但这也是手冲的可贵之处。只要手壶水温的降幅在可控的4℃以内，诸多咖啡芳香物反而因分子量与极性不同，溶解难易有别，会在不同萃取水温下呈现多变的振幅，这也是手冲味谱较细腻且层次感较丰富的原因。

（4）冲煮方法 手冲咖啡的冲煮流程分为焖蒸和三段式冲煮。

①手冲咖啡的焖蒸是指萃取前，先以较少量的热水平铺咖啡粉层，让热水渗进咖啡坚硬纤维质的细胞壁，逼出里面的气体，使水溶性滋味物更易被热水萃出，为接下来的冲煮热身。

焖蒸时间长短，关乎手冲成败。焖蒸原则是焖蒸水量等于粉量的2倍，即15克粉，就要注入30克水进行焖蒸，焖蒸时间通常为30秒。

②三段式冲煮的手法采用的是同心圆绕圈的方式进行冲煮，按照冲煮的粉水比例，均匀分布在三段冲煮的水量中。比如此次的冲煮粉水比例为1：14，粉量是15克，总冲煮出来的咖啡液是210克，那么每一段注水的水量是70克。

（5）冲煮总时间 通常手冲咖啡的总冲煮时间保持在3分钟以内，如果冲煮时间超出了3分钟，那么将会萃取出咖啡中过多的苦味和杂味，而这将会极大地影响咖啡的原本风味，导致咖啡味道容易变得苦味重、杂味多、主体风味不突出，咖啡变得很难喝。

（6）手冲咖啡的制作

①准备工作：手冲咖啡控温壶、滤杯、滤纸、分享壶、咖啡秤、磨豆机、咖啡豆。

②手冲咖啡要素：

水温：86～96℃，最能达到味道平衡。

研磨度：粗度研磨。

萃取时间：2～3分钟。

粉水比例：1：12～1：18的比例。

③制作步骤：

步骤一：打湿滤纸。将滤纸放入滤杯，用手冲壶均匀打湿，使其贴合滤杯。

步骤二：取咖啡粉。取15～20克的咖啡豆，研磨成粗砂糖大小的粉末状。

步骤三：手冲制作。新手在进行手冲咖啡制作学习初期，通常建议采用1：15的粉水比。整个冲煮过程分为三段式注水过程。

第一段注水：首先注入30克水量进行焖蒸，焖蒸时间为30秒。

第二段注入：接着注入水量到125克，等待咖啡液下降到一半。

第三段注水：最后注入水量到225克，总萃取时间为2～3分钟。

④三段式手冲咖啡风味：由于在焖蒸之后，每次增加注水量时，通常在咖啡液即将下降至粉层表面时注水，以小、中、大水流做三段萃取，所以这样制作出来的咖啡风味均衡，更加充分，甜感高，且兼容性强，是非常适合新手进行学习的方式。

（二）虹吸式咖啡

1. 虹吸原理

虹吸壶又称为赛风壶，虹吸的下壶可称为容量壶，圆球状上标有几杯份的水量刻度。上壶为圆柱状，可称为萃取壶，其基部有一根直通下壶的玻璃管，而包有滤布或滤纸的滤器，就紧铺在上壶基部的玻璃管口，过滤咖啡渣。

下壶的水加热后产生水蒸气与压力，热水被从玻璃管推升到上壶，开始泡煮上壶的咖啡粉。萃取好后，移开火源，此时下壶已呈半真空状，又失去上扬推力，下壶于是又把上壶咖啡液吸下来，咖啡渣被阻挡在上壶的滤布上，完成萃取。

2. 虹吸的优点

虹吸壶冲煮的最大优点是：下壶扬升到上壶的水温，可运用炉火操控技巧，保持在低温的86～92℃或高温的88～94℃。前者是泡煮深焙豆较佳的水温区间，后者是泡煮浅中焙豆较佳的水温区间。

虹吸是在热源持续、水温逐渐上升的环境下进行泡煮，水温曲线徐徐向上，如爬山状，水温较高，咖啡粉的萃出率较高。反观手冲，是在加热中断、水温逐渐下降的环境下进行萃取，水温曲线逐渐下滑，如下山状，水温较低，咖啡粉萃出率容易偏低。相对而言，虹吸的变因较小，此乃虹吸较容易泡出醇厚浓咖啡的秘诀。

3. 冲煮参数

虹吸壶咖啡制作同样涉及研磨度、水温、粉水比例，标准跟手冲一样，但是虹吸咖啡的制作总时间在1分钟以内。

4. 虹吸咖啡制作

准备工作：下壶、上壶、滤器（金属或陶瓷）、滤布或滤纸、搅拌棒、瓦斯炉或酒精灯、咖啡豆。

咖啡制作步骤：

第一步：将滤器置入上壶，并安装好。

第二步：将上壶置于插座，将热水注入下壶，并擦拭下壶。

第三步：打开酒精灯，加热下壶，并将上壶插入下壶中。

第四步：上壶内倒入研磨好的咖啡粉，并进行十字按压法的搅拌。

第五步：三次搅拌结束后，移开酒精灯并关火，用湿布擦拭下壶，使咖啡液留至下壶。

第六步：将上壶轻轻前后左右摇晃取出，并将下壶的咖啡液倒入分享壶中，完成出品。

虹吸咖啡制作的具体流程及步骤，请扫描二维码观看。

虹吸壶操作流程

自学检测

请扫描二维码检测任务学习情况。

任务实训

任务名称：单品咖啡制作	姓名：	日期：
	班级：	学号：

任务描述：
学习者通过学习单品咖啡制作的知识。深入了解单品咖啡豆的主要产区及突出的咖啡豆，同时也熟悉了手冲咖啡和虹吸咖啡制作的全部流程，为日后学生进入相关岗位打下坚实的理论基础。

任务清单：
请根据所学内容，以小组为单位，完成以下任务。

1. 简述单品咖啡的定义。

2. 列举手冲咖啡的冲煮参数。

3. 列举虹吸咖啡的冲煮参数。

4. 简述三大洲咖啡产区的咖啡风味特征。

5. 描述咖啡师应具备怎样的个人素养。

评价反馈

评价指标	评价内容	分数	分数评定
信息检索	能有效利用网络、图书资源查找有用的相关信息等；能将查到的信息有效地传递到学习中	10分	
感知课堂生活	认同工作价值，在学习中获得满足感	10分	
参与态度	积极主动与教师、同学交流，相互尊重、理解、平等；与教师、同学之间能够保持多向、丰富、适宜的信息交流	10分	
	能处理好合作学习和独立思考的关系，做到有效学习；能提出有意义的问题或能发表个人见解	10分	
知识获得	阐述单品咖啡的定义、产区	10分	
	记忆不同产区的咖啡豆风味	10分	
	能够区分研磨度对于咖啡风味的影响	10分	
	记忆两种单品咖啡制作流程	10分	
思维态度	能发现问题、提出问题、分析问题、解决问题、创新问题	10分	
自评反馈	能够按时按质完成任务；较好地掌握知识点；具有较强的信息分析能力和理解能力；具有较为全面严谨的思维能力	10分	
自评分数			
总结与反思			

拓展知识

极具传说的印尼猫屎咖啡

麝香猫咖啡（Kopi Luwak），Kopi是印尼语，指咖啡，Luwak是印尼人指一种称“麝香猫”的树栖野生动物。

猫屎咖啡，产于印度尼西亚国家，号称是世界最贵的咖啡之一。印尼的麝香猫，是杂食动物，外观是尖尖的嘴巴，深灰色的皮毛，这种野生麝香猫喜欢吃肥美多浆的咖啡果，咖啡果通过在麝香猫的胃部进行发酵和消化，但坚硬的硬果核（生豆）无法消化，随粪便排出，当地咖啡农会算好麝香猫排便的日期和地方，然后去收粪便，将其洗净，便得到含有内果皮的咖啡生豆，这便是昂贵的麝香猫咖啡生豆，因此有许多人称它为猫屎咖啡。

由于猫屎咖啡产量稀少，故价格昂贵。麝香猫在中南半岛、印度（东北部）、孟加拉国、不丹、尼泊尔、克什米尔地区都有所分布，但能产出猫屎咖啡的，只有苏门答腊麝香猫即印尼麝香猫。

传统咖啡果子是透过水洗或日晒处理法，除去果皮、果肉和羊皮层，最后取出咖啡豆。然而猫屎咖啡却是利用动物体内自然发酵法，取出咖啡豆，因此有一股特殊风味。经过精心的加工处理和烘焙后，形成了独具一格的咖啡风味，喝一口只觉满口甘香，还有奇妙的甜感，猫屎咖啡逐渐成为奢侈的咖啡饮品。

任务2 意式咖啡制作

任务导入

意式咖啡制作快捷而专业，每一步操作都决定着咖啡风味的优劣，想要制作一杯令客人满意的意式咖啡，除了需要掌握扎实的咖啡基础知识，还要掌握各种经典花式咖啡的出品标准、意式咖啡及牛奶奶泡的标准制作方法。

本任务从意式咖啡的品类特点和制作方法出发，使大家熟悉意式咖啡制作器具、标准与方法，在此基础上根据不同的宾客需求制作不同的意式咖啡。

知识链接

一、意式咖啡概述

（一）意式咖啡的定义

图3-6 意式咖啡

意式咖啡（图3-6）也称意式浓缩咖啡，以单份意式浓缩咖啡为例，使用10～15克新鲜研磨的咖啡粉，使用92℃水温的热水，在9巴的压力下，通过20～30秒的时间萃取得到一杯约1盎司（28.41毫升）的咖啡饮料，这杯咖啡的表面应该覆盖有一层榛子色或深红色的油脂。

专为萃取意式浓缩咖啡的咖啡豆简称为意式咖啡豆或意式豆。在传统意大利咖啡技术体系中，意式咖啡豆多为烘焙程度较深，一杯呈现出良好风味的意式浓缩咖啡对咖啡豆及拼配成分的要求非常高。

意式咖啡豆拼配时，必须同时满足以下三个目标：第一，令人愉悦的丰富香气。第二，和谐均衡且有特色的风味。第三，醇厚兼有质地的咖体。

（二）常见的意大利花式咖啡

意式咖啡是制作其他传统咖啡饮料的基底，可用于制作美式咖啡、拿铁咖啡、卡布奇诺咖啡、摩卡咖啡等多种花式咖啡。

（1）美式咖啡　英文：Americano，意大利语：Caffè Americano，是一种最普通的咖啡。一般使用意式浓缩加入大量的水制成。

（2）拿铁咖啡　是由意式浓缩咖啡加牛奶制成的一种经典咖啡。拿铁（Latte）在意大利语里是“牛奶”的意思，Caffè Latte指的才是拿铁咖啡。

（3）卡布奇诺咖啡　是由意式浓缩咖啡加牛奶和牛奶奶泡制成的一种经典咖啡。此时咖啡的颜色，就像卡布奇诺教会的修士在深褐色的外衣上覆上一条头巾一样，咖啡也因此得名。

（4）摩卡咖啡　摩卡咖啡（Mocha Cafe）是由意式浓缩咖啡、巧克力酱、鲜奶油和牛奶混合而成的一种古老的咖啡，得名于著名的摩卡港。

二、意式咖啡制作

（一）意式咖啡的制作设备及用具

1. 意式磨豆机

（1）常见意式磨豆机的分类　意式磨豆机根据造型和使用方法不同，可以分为半自动意式磨豆机（图3-7）和全自动意式磨豆机两种。而全自动磨豆机又可以分为定时磨豆机和定量磨豆机两种。

（2）常见意式磨豆机的结构　意式磨豆机主要由豆仓、转盘、磨豆机机身、残粉盘等部分组成。半自动意式磨豆机带有粉仓和拨粉手把；而全自动定量意式磨豆机则少了粉仓部分，而增加了显示屏和触控开关按钮。

图3-7　半自动意式磨豆机

2. 半自动意式咖啡机

半自动意式咖啡机是采用高压蒸汽和水的混合物快速穿过咖啡层，瞬间萃取出咖啡的设备。常见的半自动意式咖啡机有单头（图3-8）、双头不同型号。

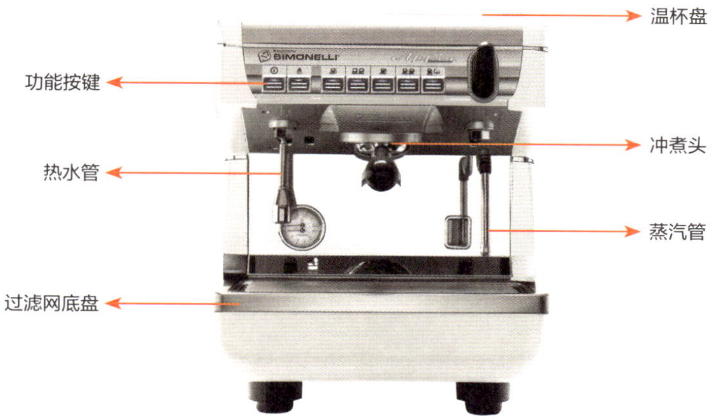

图3-8　单头半自动意式咖啡机

（1）手柄（portafilter）由手把（handle）、粉碗（basket）、龙头（spigot）组成，冲煮头的热水从手柄的粉碗中穿过，完成意式咖啡冲泡过程。粉碗可分为单份粉碗（图3-9）和双份粉碗（图3-10）。

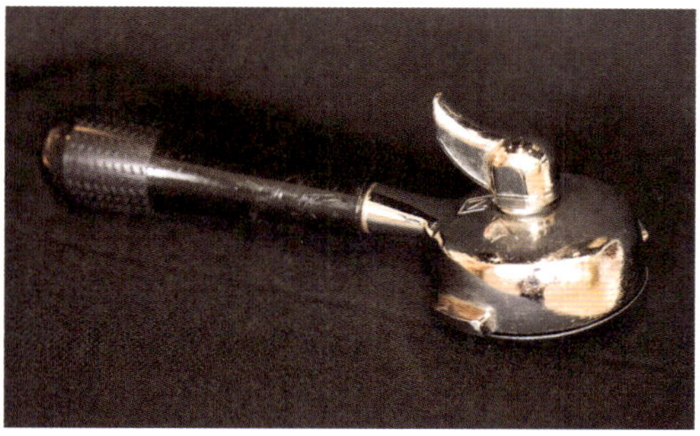

图3-9　单份粉碗

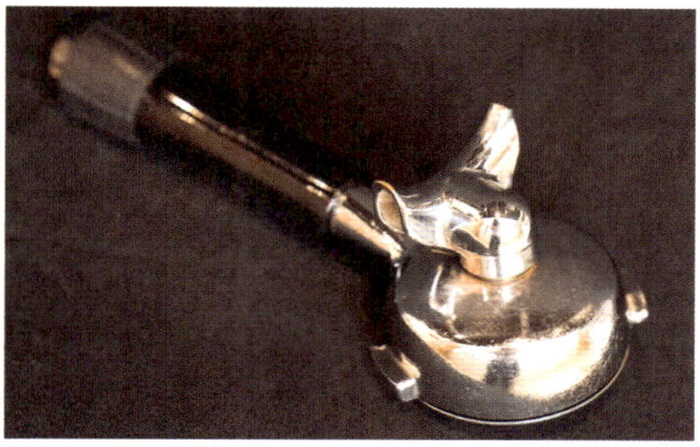

图3-10　双份粉碗

（2）冲煮头（grouphead）冲煮头是为咖啡冲泡提供热水、保障咖啡冲泡顺利完成的部件。大部分咖啡机都有多组冲煮头。只有一个冲煮头的咖啡机被称为单头咖啡机，有两个冲煮头的咖啡机被称为双头咖啡机，较常使用的是双头咖啡机。冲煮头内部有一个金属分水网和一个橡胶密封圈。

（3）蒸汽棒（steam wand）蒸汽棒是喷出蒸汽的金属管，因此也被称为蒸汽管。不同咖啡机的蒸汽棒长短粗细会有所差异。蒸汽棒的开关有旋钮式和拉杆式两种常见类型，旋钮式的开关更便于控制蒸汽大小，拉杆式的开关操作更简单方便。

（4）热水龙头（hot water spigot）热水龙头可以排放出锅炉内滚烫的热水，既可用于温杯，也可用于泡茶和制作美式咖啡。但是锅炉内的热水一直处于加热状态，可能导致水的硬度偏高，不建议经常饮用。

（5）萃取按钮（shot buttons）萃取按钮是控制咖啡机冲煮头出水的按钮。每个按钮上都有相对应的图标，通常有单份少量按钮、单份多量按钮、双份少量按钮、双份多量按钮，以及一个手动控制按钮。

手动控制按钮靠手动控制萃取时间及萃取量，按下手动控制按钮，咖啡机冲煮头开始出水，直到再次按下手动控制按钮才会停止出水。

（6）温杯区（warming rack） 温杯区一般位于咖啡机顶部，用于预热咖啡杯，在制作热咖啡时，可避免咖啡液遇冷杯温度降低而影响咖啡风味，但需要注意有滴水的器具或不洁净的咖啡杯严禁放置于温杯区。

（7）压力表、温度表（pressure & temperature dial） 压力表通常分为气压表和水压表，咖啡机关闭时气压表应显示为0巴，正常工作状态下气压表指针处于1～1.5巴的位置。

水压表指针在咖啡机非工作状态下处于0～3巴的位置，在咖啡机工作状态下处于8～10巴的位置。

温度表主要检测咖啡机冲煮咖啡的热水温度，水温正常处于92～96℃。

3. 其他用具

在制作意式咖啡和意式花式咖啡时，还会使用到拉花缸、咖啡杯、抹布、毛刷等用具。

（1）拉花缸 又称奶缸，用于盛装牛奶及绘制咖啡拉花图案。常见的拉花缸型号有300毫升、600～750毫升、1000毫升不等，在制作咖啡时可以根据不同的牛奶用量选择不同型号的拉花缸（图3-11）。

图3-11 拉花缸

（2）咖啡杯 用于承装咖啡液体的器具可以统称为咖啡杯。咖啡杯根据出品需求有不同的材质、规格和形状。通常意式咖啡会使用80～100毫升容量的意式浓缩专用杯，卡布奇诺咖啡会使用180毫升左右的郁金香杯，拿铁咖啡则会使用250毫升左右的拿铁专用杯，摩卡、阿芙佳朵等其他花式咖啡会有更多不一样的选择。

（3）抹布 在制作咖啡的过程中抹布的使用也有严格的区域及用途划分，主要可以分为台面抹布、咖啡渣专用抹布、咖啡机专用抹布、蒸汽棒专用抹布、擦杯专用抹布等几种，不同功能的抹布会以不同颜色区分，各抹布专布专用，不可混用。

（4）毛刷 在制作咖啡的过程中，咖啡粉使用抹布难以清洁干净，因此一般制作咖啡的工具中还会配备大、小两种毛刷。大毛刷用于清扫台面残留的咖啡粉，小毛刷用于清扫咖啡粉碗、磨豆机出粉口的咖啡残粉，大小毛刷功能区分明显，不可混用。

（二）意式咖啡制作技巧

（1）奶泡打发原理 牛奶能形成奶泡取决于牛奶中的蛋白质和脂肪。来自蒸汽管的热蒸汽刺破牛奶的表面，将空气混入牛奶中，通过牛奶中蛋白质、脂肪的张力来包覆空气，从而形成奶泡，蛋白质和脂肪在液体中会形成薄膜包覆所进入的空气，这种通过蛋白质、脂肪包覆空气所形成的状态称之为奶泡。

热奶泡打发的温度：不能超过70℃，不能低于50℃。因为牛奶里的蛋白质加热超过

70℃时会开始变质熟化，一旦蛋白质熟化后，牛奶中的蛋白质张力和黏性就会减弱，无法有效地包覆空气形成奶泡。其次因为人的舌头感受的温度为-55～65℃，这个区间温度能够将咖啡与牛奶结合出最佳的风味。

（2）牛奶的选择　打发奶泡时，牛奶的选择至关重要，主要考察其脂肪含量及温度：可以选用雀巢全脂牛奶，它是打奶泡最为稳定的牛奶，其他的如总统奶、发喜、光明优倍等鲜牛奶也都可以。选择怎样的牛奶品牌不重要，关键在于牛奶的脂肪含量必须达到4%以上。

其次，牛奶最好冷藏在冰箱中，温度保持在5℃，因为打奶泡的起点温度越低，可以操作的时间越长，就可以打发得越细腻，这也是牛奶需要冷藏的原因之一。

（3）热奶泡打发方法如下。

①拉花缸中装入300毫升牛奶。

②将蒸汽管放置在拉花缸直径1/4处。

③将蒸汽管顶部埋入缸中牛奶表面约1厘米距离，打开蒸汽开关，慢慢将奶缸往下移动，让空气进入牛奶中，听到“滋滋滋”的牛奶进气声音。

④一直进气至缸中牛奶开始变热，且上涨至400毫升刻度后，将缸往上移，重新将蒸汽管顶部埋入牛奶中，并让缸中牛奶一直保持旋转。

⑤最后打出细腻的奶泡。

⑥用手触摸拉花缸外壁感觉烫手（60～70℃）。

（三）咖啡制作

1. 意式浓缩咖啡

意式浓缩咖啡

①将咖啡手柄水平卡入接粉架，按下磨豆机开关键磨咖啡粉。

②拨动咖啡粉仓手柄托2～3次接出15克的咖啡粉。

③将咖啡手柄水平抵至磨豆机压板，将咖啡手柄里的咖啡粉抹平。

④将咖啡手柄抵住粉锤垫。

⑤使用粉锤将咖啡手柄内咖啡压实。

⑥将咖啡手柄卡入冲煮头旋转套牢，准备咖啡杯，点击单份意式特浓制作。

2. 美式咖啡制作

（1）热美式咖啡

准备物品：
马克杯
咖啡杯碟
咖啡勺
曲奇饼干

热美式咖啡

操作步骤：
① 用双头手把取咖啡粉，抹平粉面、填压粉饼。
② 将双头手把卡入冲煮头，拿马克杯萃取双份意式咖啡。
③ 配上咖啡杯碟、咖啡勺、曲奇饼干出品。

（2）冰美式咖啡

准备物品：

铝杯咖啡杯

吸管

冰美式咖啡

操作步骤：

① 铝杯中加满冰块。

② 用双头手把取咖啡粉，填压粉饼，清洁手把。

③ 将手把卡入冲煮头，拿小拉花缸放在接杯架上，萃取双份意式浓缩。

④ 将意式浓缩倒入铝杯中，再加冰水至满杯，配上吸管出品。

3. 卡布奇诺咖啡制作

（1）热卡布奇诺咖啡

准备物品：

咖啡杯	咖啡杯碟
咖啡勺	牛奶
曲奇饼干	可可粉/巧克力粉

热卡布奇诺

操作步骤：

① 用单头手把取咖啡粉，填压粉饼，清洁手把。

② 将单头手把卡入冲煮头，拿咖啡杯萃取单份意式浓缩。

③ 大拉花缸加入250毫升牛奶，打发热奶泡，将意式浓缩和热奶泡融合至八分满，撒可可粉或巧克力粉装饰。

④ 配上咖啡杯碟、咖啡勺、曲奇饼干出品。

（2）冰卡布奇诺咖啡

准备物品：

玻璃咖啡杯	搅拌棒
杯垫	吸管
冰牛奶	可可粉

冰卡布奇诺

操作步骤：

① 咖啡杯中加冰至六分满，倒入冰牛奶至六分满；打发冰奶泡，倒入杯中至七分满。

② 用单头手把取咖啡粉，填压粉饼，清洁手把。

③ 将手把卡入冲煮头，拿小拉花缸放在接杯架上，萃取单份意式浓缩。

④ 将意式浓缩倒入杯中，奶泡表面撒5克可可粉。

⑤ 配上杯垫、搅拌棒、吸管出品。

4. 摩卡咖啡制作

（1）热摩卡咖啡

准备物品：
咖啡杯
咖啡勺
咖啡杯碟
曲奇饼干
牛奶
巧克力酱

热摩卡咖啡

操作步骤：

① 取咖啡杯，底部淋上巧克力酱。

② 用单头手把取咖啡粉，填压粉饼，清洁手把。

③ 将手把卡入冲煮头，将有巧克力酱的咖啡杯接单份浓缩，将意式浓缩和巧克力酱搅拌均匀。

④ 大拉花缸中倒入250毫升牛奶，打发热奶泡，将意式浓缩和热奶泡融合至八分满，用巧克力酱雕花。

⑤ 备好咖啡杯碟、咖啡勺、曲奇饼干出品。

（2）冰摩卡咖啡

准备物品：
飓风咖啡杯
搅拌棒
杯垫
吸管
冰牛奶
巧克力酱

冰摩卡咖啡

操作步骤：

① 用巧克力酱在飓风杯表面做淋酱装饰，加冰块、冰牛奶至六分满；打发冰奶泡倒入至七分满。

② 用单头手把取咖啡粉，填压粉饼，清洁手把。

③ 将手把卡入冲煮头，拿小拉花缸接单份意式浓缩。

④ 将意式浓缩倒入飓风杯中，在奶泡表面用巧克力酱雕花。

⑤ 配上杯垫、搅拌棒、吸管出品。

5. 生椰拿铁咖啡制作

（1）热生椰拿铁咖啡

准备物品：
马克咖啡杯
牛奶
椰浆
咖啡杯碟
咖啡勺
曲奇饼干

热生椰拿铁

操作步骤：
① 用双头手把取咖啡粉，填压粉饼，清洁手把。
② 将双头手把卡入冲煮头，拿马克咖啡杯萃取双份意式浓缩。
③ 大拉花缸加入300毫升牛奶和80毫升椰浆，打发热奶泡，将意式浓缩和热奶泡融合至八分满出品。
④ 配上咖啡杯碟、咖啡勺、曲奇饼干出品。

（2）冰生椰拿铁咖啡

准备物品：
玻璃咖啡杯
杯垫
搅拌棒
吸管
椰浆
糖浆
冰牛奶

冰生椰拿铁

操作步骤：
① 用双头手把取咖啡粉，填压粉饼，清洁手把。
② 将手把卡入冲煮头，拿玻璃杯接双份意式浓缩。
③ 拉花缸中倒入120毫升冰牛奶、80毫升椰浆、10毫升糖浆，用搅拌器搅拌均匀，形成生椰奶底。
④ 玻璃杯中加入冰块至六分满，倒入生椰奶底至八分满，倒入双份意式浓缩。
⑤ 配上杯垫、搅拌棒、吸管出品。

自学检测

请扫描二维码检测任务学习情况。

任务实训

<table>
<tr><td rowspan="2">任务名称：意式咖啡制作</td><td>姓名：</td><td>日期：</td></tr>
<tr><td>班级：</td><td>学号：</td></tr>
<tr><td colspan="3">任务描述：
学习者通过学习意式咖啡制作的知识。深入了解意式咖啡豆的主要特征，同时也掌握经典意式咖啡制作的全部流程，为日后学生进入相关岗位打下坚实的实操基础。</td></tr>
<tr><td colspan="3">任务清单：
请根据所学内容，以小组为单位，完成以下任务。</td></tr>
<tr><td colspan="3">1. 简述意式浓缩咖啡的定义。</td></tr>
<tr><td colspan="3"></td></tr>
<tr><td colspan="3">2. 简述热奶泡打发原理。</td></tr>
<tr><td colspan="3"></td></tr>
<tr><td colspan="3">3. 简述热卡布奇诺咖啡制作流程。</td></tr>
<tr><td colspan="3"></td></tr>
<tr><td colspan="3">4. 简要说明卡布奇诺咖啡与拿铁咖啡的区别。</td></tr>
<tr><td colspan="3"></td></tr>
<tr><td colspan="3">5. 描述咖啡师应具备怎样的个人素养。</td></tr>
<tr><td colspan="3"></td></tr>
</table>

评价反馈

评价指标	评价内容	分数	分数评定
信息检索	能有效利用网络、图书资源查找有用的相关信息等；能将查到的信息有效地传递到学习中	10分	
感知课堂生活	认同工作价值；在学习中能获得满足感	10分	
参与态度	积极主动与教师、同学交流，相互尊重、理解、平等；与教师、同学之间能够保持多向、丰富、适宜的信息交流	10分	
	能处理好合作学习和独立思考的关系，做到有效学习；能提出有意义的问题或能发表个人见解	10分	
知识获得	阐述意式咖啡的定义	10分	
	记忆意式咖啡设备的使用方法	10分	
	记忆意式咖啡的制作方法及出品标准	20分	
思维态度	能发现问题、提出问题、分析问题、解决问题、创新问题	10分	
自评反馈	能够按时按质完成任务；较好地掌握知识点；具有较强的信息分析能力和理解能力；具有较为全面严谨的思维能力	10分	
自评分数			
总结与反思			

拓展知识

意式咖啡的发展历史

意式咖啡的发展历史，从20世纪80年代便有迹可循。1901年，意大利米兰人贝泽拉·鲁易基发明了用高压蒸汽萃取咖啡液体的机械，获得了专利并登记注册，这宣告了意式浓缩（Espresso）正式诞生的时间，但对于意式浓缩还没有准确的定义。

1905年，第一台真正意义上的意式咖啡机经由贝泽拉正式发明。1906年，贝泽拉带他改进的蒸汽咖啡机参加了米兰世界博览会，展台的招牌上写着：Caffe Espresso（意为“快速咖啡”）。因此贝泽拉和他的咖啡机也被称为意式浓缩的鼻祖。

20世纪40年代，弹簧瓣杠杆咖啡机的面世，让意式浓缩咖啡真正得以流行于世界；1961年，FAEMA E61机型诞生，用热交换（子母锅炉）的概念萃取更优质的意式浓缩。20世纪80年代初，在美国西雅图出现了咖啡拉花艺术雏形。从那时起，意式咖啡机不断改善与进步，使意式咖啡成了社会主流。

现今，意式浓缩咖啡被广泛用于调配花式咖啡以及制作拉花。

项目四

鸡尾酒调制

项目描述

鸡尾酒是一种独特而令人陶醉的混合饮品，它以其丰富的色彩、层次分明的口感和精美的装饰而备受喜爱。每一杯鸡尾酒都是一个小小的艺术品，充分展示了调酒师的创意和技巧。鸡尾酒的起源可以追溯到18世纪的欧洲，当时它被视为一种高贵而优雅的饮品，只有贵族和上层社会才能享用。然而，随着时间的推移，鸡尾酒逐渐普及，并成为一种广受欢迎的饮品。

当你品尝一杯鸡尾酒时，首先会被它的色彩所吸引。有的鸡尾酒色彩鲜艳，如同夏日的日落，而有的则柔和淡雅，如同清晨的霞光。接着，你会被它的口感所征服。每一口鸡尾酒都是一种独特的味觉体验，不同的原料和比例会带给你不同的口感和风味。最后，你会被它的装饰所震撼。鸡尾酒的装饰通常非常精美，有的还会加入水果、糖果等元素，让人不禁想要拍照留念。

总之，鸡尾酒是一种充满魅力和创意的饮品。它不仅是一种口感上的享受，更是一种视觉和文化的盛宴。无论是和朋友聚会还是在酒吧放松，一杯鸡尾酒都能带给你难忘的体验和回忆。

学习目标

❶ 知识目标

（1）了解鸡尾酒的由来。

（2）记忆经典案例鸡尾酒配方。

❷ 能力目标

（1）能够按照调酒师的仪容仪表规范自己。

（2）具备演示各类经典鸡尾酒的标准制作过程。

（3）能灵活运用鸡尾酒调制方法。

❸ 思政目标

（1）培养学生良好的职业道德修养。

（2）培养学生的工匠精神。

项目分析

❶ 重点

制作鸡尾酒的流程。

❷ 难点

摇和法的操作、调和法的操作与兑和法的操作。

项目内容

鸡尾酒调制

- 摇和法
- 调和法
- 搅和法
- 兑和法

任务1 摇和法

任务导入

关于鸡尾酒（Cocktail）的起源，存在多种说法。据传，1779年，一位名叫拜托斯的爱尔兰籍姑娘在纽约附近经营一家酒店。当时，华盛顿军队中的一些美国官员和法国官员经常光顾这家酒店，并饮用一种叫作“布来索”的饮料。然而，这些人经常以店主小姐为玩笑对象，把她比作一只小母鸡取乐。

一天，店主小姐气愤不已，决定教训这些军官。于是，她把各种剩酒混合在一起，并从农民的鸡窝里找出一根雄鸡尾羽，将其插在“布来索”杯子中，然后将这杯饮料送给这些军官们饮用。这些军官们看到这个场景感到非常惊讶。在美国，印第安人把羽毛视为勇士和部落首领的象征，认为它非常漂亮。因此，其中一个法国军官随口高喊：“鸡尾万岁！”从此以后，这种加入雄鸡尾羽的“布来索混合饮料”就被称为“鸡尾酒”，并一直流传至今。

到了19世纪，鸡尾酒开始在英国和美国等国流行。而在20世纪，由于美国的酒保们在1920年禁酒法实施后前往欧洲等地，鸡尾酒迅速推广到世界各地。

知识链接

摇和法操作的方式

一、摇和法的操作方法

摇酒壶的操作方式分为三种：活塞式、波浪式和螺旋式。每个调酒师都有自己独特的摇酒风格，无论是使用单手还是双手，摇酒壶的运动模式都以这三种方式为基础。

（1）活塞式（Step） 这种操作方式要求摇酒壶进行直线、来回运动，包括上下摇动或左右摇动。

（2）波浪式（Snap） 这种操作方式要求摇酒壶像波纹或海浪一样，进行来回运动，包括前后摇动。

（3）螺旋式（Twist） 这种操作方式要求摇酒壶像螺丝钉的纹路一样运动，也可以按照倒8字的路线进行运动。

二、摇和法的制作流程

（一）准备工作

（1）准备摇和法所用的调酒工具。

（2）准备好本款鸡尾酒杯子。
（3）准备配方中所需要的酒水。
（4）提前制作好鸡尾酒的装饰。

（二）调制过程

（1）洗手。
（2）准备冰杯/冰壶。
（3）将酒水材料按标准配方倒入摇酒壶。
（4）加入冰块摇和15秒左右。
（5）将酒水倒入杯中。
（6）配上装饰。

（三）酒水出品

（1）根据不同的鸡尾酒搭配杯垫、纸巾、吸管、搅拌棒、鸡尾酒巾、小吃等。
（2）特殊鸡尾酒按出品要求出品，如需点火、闻香等。

（四）收尾工作

（1）将酒水收回原位摆放。
（2）将调酒工具，如摇酒壶、吧勺、量酒器，清洁后摆放原位。
（3）对台面进行清洁。

三、摇和法的注意事项

（1）倒酒时要防止滴洒，防止磕碰。
（2）将酒水材料倒入摇酒壶后，盖壶时请注意先盖摇酒壶过滤品，再盖壶盖。
（3）摇酒时请注意，利用指尖的力量握住摇酒壶，不要用掌心接触摇酒壶，以免冻伤手。
（4）严格按照配方分量进行调配，特别是经典鸡尾酒配方。
（5）按个人操作习惯，进行合理的操作台布局。防止过多重复，交叉，多余的动作。
（6）摇和时注意节奏感和协调性。

四、摇和法鸡尾酒调制案例

百加得鸡尾酒配方
Cocktail Recipe of Bacardi
原料（Ingredient）:
45毫升百加得白（Bacardi White）
30毫升柠檬汁（Lemon Juice）

摇和法鸡尾酒的调制流程

10毫升红石榴糖浆（Grenadine Syrup）
盛杯（Glassware）：马天尼杯（Martini Glass）
调制方法（Method）：摇和法（Shake）
装饰（Garnish）：柠檬（Lemon）

自学检测

请扫描二维码检测任务学习情况。

任务实训

<table>
<tr><td rowspan="2">任务名称：摇和法</td><td>姓名：</td><td>日期：</td></tr>
<tr><td>班级：</td><td>学号：</td></tr>
<tr><td colspan="3">任务描述：
学习者通过学习摇和法制作的流程，熟练掌握摇和法的操作方式，通过学习举一反三，并能根据摇和法鸡尾酒的配方，制作所有摇和法的鸡尾酒。</td></tr>
<tr><td colspan="3">任务清单：
请根据所学内容，以小组为单位，完成以下任务。</td></tr>
<tr><td colspan="3">1．鸡尾酒制作流程分为哪4个部分？</td></tr>
<tr><td colspan="3"></td></tr>
<tr><td colspan="3">2．摇和法是否可以把碳酸饮料放入摇酒壶中和其他原料一起摇和？</td></tr>
<tr><td colspan="3"></td></tr>
<tr><td colspan="3">3．鸡尾酒调制过程分哪6个步骤？</td></tr>
<tr><td colspan="3"></td></tr>
<tr><td colspan="3">4．你还知道哪些摇和法鸡尾酒配方，请列举至少2个。</td></tr>
<tr><td colspan="3"></td></tr>
</table>

评价反馈

评价指标	评价内容	分数	分数评定
信息检索	能有效利用网络、图书资源查找有用的相关信息等；能将查到的信息有效地传递到学习中	10分	
感知课堂生活	认同工作价值；在学习中能获得满足感	10分	
参与态度	积极主动与教师、同学交流，相互尊重、理解、平等；与教师、同学之间能够保持多向、丰富、适宜的信息交流	10分	
	能够处理好合作学习和独立思考的关系，做到有效学习；能够提出有意义的问题或能发表个人见解	10分	
知识获得	掌握鸡尾酒的起源	10分	
	掌握摇和法的三种操作方式	10分	
	熟练掌握摇和法鸡尾酒的制作流程	10分	
	记忆5款及以上摇和法鸡尾酒配方	10分	
思维态度	能发现问题、提出问题、分析问题、解决问题、创新问题	10分	
自评反馈	按时按质完成任务；较好地掌握知识点；具有较强的信息分析能力和理解能力；具有较为全面严谨的思维能力并能做到条理清晰	10分	
自评分数			
总结与反思			

拓展知识

调制鸡尾酒的十条准则

1. 使用质量上乘的原料。
2. 切记水的重要作用，任何时候都不要直接用自来水制冰。
3. 水果或果汁一定要现用现做。
4. 每一杯鸡尾酒中，单一蒸馏酒的总量不要超过70毫升，糖浆的总量不要超过30毫升。

5. 不要将谷物酒和葡萄蒸馏酒混合在一起，尽量不要把酸性的材料与奶制品混合。

6. 要遵守配方规定的程序，如果可以的话，要在最后加入最贵的原料。

7. 任何时候都不要在摇酒壶中混合碳酸饮料。

8. 鸡尾酒在摇酒壶中的时间越长温度越低，酒的浓度也随之降低。

9. 如果用摇酒壶或者是高脚杯来混合出几份鸡尾酒的话，那么不要把高脚杯一下子填得满满的，要逐渐一一倒满，以使每个杯中的分量相同。

10. 失败不可耻，失败乃成功之母。

任务2 调和法

任务导入

19世纪60年代，曾提及一款以老汤姆金酒和苦艾酒调配而成的酒，配方与做法极其简单，被誉为调和法鸡尾酒鼻祖，也被称作“鸡尾酒之王”。喜欢喝的人对它的温度和比例要求又极其苛刻，甚至有人称之为“宁静的长生不老药”，这是所有调酒师入门就开始学习制作的鸡尾酒，但也是所有调酒师永远都会谨慎对待的鸡尾酒！

知识链接

调和法操作的方式

一、调和法的操作方法

吧勺放在中指与无名指之间，类似拿毛笔。用吧勺背面贴近调和杯杯壁，中指用力从12点钟方向沿杯壁划向6点钟方向，然后无名指用力，从6点钟方向推至12点钟方向，顺时针或逆时针，根据个人操作习惯都可以，以此循环，保持10秒左右。在转动的过程中手指与手腕用力，手臂不动，保持吧勺垂直。

二、调和法的制作流程

（一）准备工作

（1）准备调和法所用的调酒工具。

（2）准备好本款鸡尾酒杯子。
（3）准备配方中所需要的酒水。
（4）提前制作好鸡尾酒的装饰。
（5）准备好杯垫、纸巾、吸管、搅拌棒，并将提前准备的物品做好布局。

（二）调制过程

（1）洗手。
（2）准备冰杯/调和杯。
（3）将酒水材料按标准配方倒入调和杯。
（4）加入冰块调和10秒左右。
（5）将酒水倒入杯中，并过滤掉冰块。
（6）将提前准备的装饰挂杯。

（三）酒水出品

（1）根据不同的鸡尾酒搭配杯垫、纸巾、吸管、搅拌棒、鸡尾酒巾、小吃等。
（2）特殊鸡尾酒按出品要求出品，如需点火、闻香等。

（四）收尾工作

（1）将酒水收回原位摆放。
（2）将调酒工具，如调和杯、吧勺、量酒器，清洁后摆放原位。
（3）对台面进行清洁。

三、调和法的注意事项

（1）倒酒时要防止滴洒，防止磕碰。
（2）严格按照配方分量进行调配，特别是经典鸡尾酒配方。
（3）按个人操作习惯，进行合理的操作台布局。防止过多重复，交叉，多余的动作。
（4）调和时可顺时针或逆时针，手指与手腕用力，手臂不动，保持吧勺垂直，不可磕碰杯壁发出响声。

四、调和法鸡尾酒调制案例

内格罗尼鸡尾酒配方
Cocktail Recipe of Negroni
原料（Ingredient）:
30毫升金酒（Gin）
30毫升金巴利（Campari）

调和法鸡尾酒制作流程

30毫升马天尼红（Martini Rosso）
盛杯（Glassware）：古典杯（Old-fashioned Glass）
调制方法（Method）：调和法（Stir）
装饰（Garnish）：橙子（Orange）

自学检测

请扫描二维码检测任务学习情况。

任务实训

<table>
<tr><td rowspan="2">任务名称：调和法</td><td>姓名：</td><td>日期：</td></tr>
<tr><td>班级：</td><td>学号：</td></tr>
<tr><td colspan="3">任务描述：
学习者通过学习调和法制作的流程，熟练掌握调和法的操作方式，通过学习举一反三，并能根据调和法鸡尾酒的配方，制作所有调和法的鸡尾酒。</td></tr>
<tr><td colspan="3">任务清单：
请根据所学内容，以小组为单位，完成以下任务。</td></tr>
<tr><td colspan="3">1. 你知道有哪些经典鸡尾酒用调和法制作吗？请列举至少2个经典鸡尾酒配方。</td></tr>
<tr><td colspan="3"></td></tr>
<tr><td colspan="3">2. 你见过哪些特殊的鸡尾酒材料？</td></tr>
<tr><td colspan="3"></td></tr>
<tr><td colspan="3">3. 鸡尾酒装饰的搭配需要注意哪些事项？</td></tr>
<tr><td colspan="3"></td></tr>
<tr><td colspan="3">4. 今天课程你收获了什么？（请列举出2个实例）</td></tr>
<tr><td colspan="3"></td></tr>
</table>

评价反馈

评价指标	评价内容	分数	分数评定
信息检索	能有效利用网络、图书资源查找有用的相关信息等；能将查到的信息有效地传递到学习中	10分	
感知课堂生活	认同工作价值；在学习中能获得满足感	10分	
参与态度	积极主动与教师、同学交流，相互尊重、理解、平等；与教师、同学之间能够保持多向、丰富、适宜的信息交流	10分	
	能够处理好合作学习和独立思考的关系，做到有效学习；能够提出有意义的问题或能发表个人见解	10分	
知识获得	了解调和法鸡尾酒内格罗尼的由来	10分	
	掌握调和法的基本操作方式	10分	
	熟练掌握调和法鸡尾酒的制作流程	10分	
	记忆5款及以上调和法鸡尾酒配方	10分	
思维态度	能发现问题、提出问题、分析问题、解决问题、创新问题	10分	
自评反馈	按时按质完成任务；较好地掌握知识点；具有较强的信息分析能力和理解能力；具有较为全面严谨的思维能力并能做到条理清晰	10分	
自评分数			
总结与反思			

拓展知识

玻璃器皿包括在酒吧内部使用的烟灰缸、酒杯等，数量最多的是酒杯。酒杯是用来盛放酒水的容器，是直接供顾客使用的。酒杯一般有平光玻璃杯、刻花玻璃杯和水晶玻璃杯等，根据酒杯的档次、级别和格调选用。每一种酒杯都有许多不同的样式。

酒杯的容量习惯用盎司（oz）计算，现在又统一按毫升（mL）来计算。

换算公式为：1oz=28.4mL。

酒杯的主要类型如下。

古典杯 Old-fashioned glass	扎啤杯 Draftbeermug	子弹杯 Shot glass	海波杯 Highball glass

飓风杯 Hurricane glass	柯林杯 Collins glass	玛格丽特杯 Margarita glass	马天尼杯 Martini glass

IOS品酒杯 IOS Tasting glass	葡萄酒杯 Wine glass	香槟杯 Champagne glass	爱尔兰杯 Irish glass

任务3 搅和法

任务导入

在一个炎热的夏日，某沙滩酒吧来了一位顾客，调酒师小张接待了他，并向客人推荐了酒吧的特色鸡尾酒，客人反映特色鸡尾酒不是他喜欢的类型，天气太热，想喝一杯很冰的果味鸡尾酒，最好是冰沙类的鸡尾酒，想让调酒师小张为他制作一杯。如果你是小张，你会如何应对？

知识链接

一、搅和法的操作方法

搅和法操作使用的是电动搅拌机，在调制鸡尾酒时将材料放入搅拌机中进行搅拌，一般是原材料之间难以融合时采用这种调制方法，使融合更加充分，更加有效，例如材料中会用到水果、炼乳、冰沙之类的鸡尾酒。

二、搅和法的制作流程

（一）准备工作

（1）准备搅和法所用的调酒工具。

（2）准备好本款鸡尾酒杯子。

（3）准备配方中所需要的酒水。

（4）提前制作好鸡尾酒的装饰。

（5）准备好杯垫、纸巾、吸管、搅拌棒，并将提前准备的物品做好布局。

（二）调制过程

（1）洗手。

（2）准备冰杯/清洗搅拌机。

（3）将酒水材料按标准配方倒入搅拌机。

（4）根据配方需求加入适量冰块进行搅拌。

（5）将酒水倒入杯中。

（6）将提前准备的装饰挂杯。

（三）酒水出品

（1）根据不同的鸡尾酒搭配杯垫、纸巾、吸管、搅拌棒、鸡尾酒巾、小吃等。

（2）特殊鸡尾酒按出品要求出品，如需点火、闻香等。

（四）收尾工作

（1）将酒水收回原位摆放。

（2）将调酒工具，如调和杯、吧勺、量酒器，清洁后摆放原位。

（3）对台面进行清洁。

三、搅和法的注意事项

（1）倒酒时要防止滴洒，防止磕碰。

（2）严格按照配方分量进行调配，特别是经典鸡尾酒配方。

（3）按个人操作习惯，进行合理的操作台布局。防止过多重复，交叉，多余的动作。

（4）在搅拌时不要把吧勺之类物品放入搅拌机中辅助搅匀。应先停止搅拌机运行后再进行搅拌。

（5）搅和时注意酒水之间的融合度，如冰沙类鸡尾酒，需要采取多次搅拌才能让冰块充分打碎。

四、搅和法鸡尾酒调制案例

蓝色冰霜玛格丽特鸡尾酒配方

Cocktail Recipe of Frozen Blue Margarita

原料（Ingredient）：

45毫升银龙舌兰（Jose Cuervo Silver）

30毫升蓝橙力娇酒（Blue Curacao）

30毫升柠檬汁（Lemon Juice）

30毫升自制糖浆（Home Made Syrup）

盛杯（Glassware）：玛格丽特杯（Margarita Glass）

调制方法（Method）：搅和法（Blend）

装饰（Garnish）：柠檬片（Lemon Slice）

搅和法鸡尾酒制作流程

自学检测

请扫描二维码检测任务学习情况。

任务实训

<table>
<tr><td rowspan="2">任务名称：搅和法</td><td>姓名：</td><td>日期</td></tr>
<tr><td>班级：</td><td>学号</td></tr>
<tr><td colspan="3">任务描述：
学习者通过学习搅和法的制作流程，熟练掌握搅和法的操作方式，通过学习举一反三，并能根据搅和法鸡尾酒的配方，制作所有搅和法的鸡尾酒。</td></tr>
<tr><td colspan="3">任务清单：
请根据所学内容，以小组为单位，完成以下任务。</td></tr>
<tr><td colspan="3">1. 请描述搅和法鸡尾酒制作流程与摇和法鸡尾酒制作流程的不同之处。</td></tr>
<tr><td colspan="3"></td></tr>
<tr><td colspan="3">2. 请列举2个搅和法鸡尾酒的配方。</td></tr>
<tr><td colspan="3"></td></tr>
<tr><td colspan="3">3. 描述你对鸡尾酒的看法与特点，包括鸡尾酒有什么不足之处。</td></tr>
<tr><td colspan="3"></td></tr>
<tr><td colspan="3">4. 你见过哪些比较有创意的鸡尾酒杯？</td></tr>
<tr><td colspan="3"></td></tr>
<tr><td colspan="3">5. 请用搅和法描述“蓝色冰霜玛格丽特鸡尾酒”的调制过程。</td></tr>
<tr><td colspan="3"></td></tr>
</table>

评价反馈

评价指标	评价内容	分数	分数评定
信息检索	能有效利用网络、图书资源查找有用的相关信息等；能将查到的信息有效地传递到学习中	10分	
感知课堂生活	认同工作价值；在学习中能获得满足感	10分	
参与态度	积极主动与教师、同学交流，相互尊重、理解、平等；与教师、同学之间能够保持多向、丰富、适宜的信息交流	10分	
	能够处理好合作学习和独立思考的关系，做到有效学习；能够提出有意义的问题或能发表个人见解	10分	
知识获得	了解搅和法鸡尾酒制作的特点及注意事项	10分	
	能够灵活运用搅和法的操作	10分	
	熟练掌握搅和法鸡尾酒的制作流程	10分	
	记忆5款及以上搅和法鸡尾酒配方	10分	
思维态度	能发现问题、提出问题、分析问题、解决问题、创新问题	10分	
自评反馈	按时按质完成任务；较好地掌握知识点；具有较强的信息分析能力和理解能力；具有较为全面严谨的思维能力并能做到条理清晰	10分	
自评分数			
总结与反思			

拓展知识

鸡尾酒形态分类

形态分类是目前世界上最流行的一种分类方法，将上千种鸡尾酒按照调制后的成品的特色和调制材料的构成等诸多因素分成了30余类。

①霸克类（Bucks），②考伯乐类（Cobblers），③柯林类（Collins），④奶油类（Creams），

⑤杯饮类（Cups），⑥冷饮类（Coolers），⑦克拉斯特类（Crustar），⑧得其利类（Daiquiris），⑨黛西类（Daisy），⑩蛋诺类（Egg Nogs），⑪菲克斯类（Fixes），⑫菲斯类（Fizz），⑬菲力普类（Flips），⑭弗来培类（Frappes），⑮高杯类（Highball），⑯热托地（Hot Toddy），⑰热饮类（Hot Drinks），⑱朱力普类（Juleps），⑲马天尼类（Martini），⑳曼哈顿类（Manhattan），㉑老式酒类（Old Fashioned），㉒宾治类（Punch），㉓彩虹类（Pousse Cafe），㉔瑞克类（Rickeys），㉕潇格瑞类（Sangaree），㉖思迈斯类（Smashes），㉗司令类（Slings），㉘酸酒类（Sours），㉙双料鸡尾酒类（Two-Liquor Drinks），㉚赞比类（Zombie），㉛洛克类（On The Rocks），㉜舒特类（Shooter）。

任务4 兑和法

任务导入

某酒店来了一位客人张先生，想预定300人的公司年度聚会，要提供所有人的派对鸡尾酒。大型宴会鸡尾酒不适合采用摇和法，采用碳酸类汽水或有气泡的酒品调制鸡尾酒时，也不得采用摇和法与搅和法。你将如何推荐宴会鸡尾酒？如何在保证出品质量的同时，控制好出品准确时间。

知识链接

一、兑和法的操作方法

兑和法有多种操作的方法，最常见的有三种方式。

（1）注入式　直接在出品的酒杯中加入冰块，倒入酒水和饮料。

（2）漂浮式　根据酒水密度的不同，依次倒入杯中，使各种酒水分层与隔开。

（3）捣和式　将原材料进行捣碎后再与其他酒水饮料混合。

所有的鸡尾酒并不只能用一种调制方法，根据鸡尾酒创作和特点的不同，可以采用多种调制方法。

二、兑和法的制作流程

（一）准备工作

（1）准备兑和法所用的调酒工具。
（2）准备好本款鸡尾酒杯子。
（3）准备配方中所需要的酒水材料。
（4）提前制作好鸡尾酒的装饰。
（5）准备好杯垫、纸巾、吸管、搅拌棒，并提前将准备的物品做好布局。

（二）调制过程

（1）洗手。
（2）准备冰杯。
（3）根据配方需求加入冰块至杯中。
（4）将酒水材料按标准配方倒入杯中。
（5）将提前准备的装饰挂杯。

（三）酒水出品

（1）根据不同的鸡尾酒搭配杯垫、纸巾、吸管、搅拌棒、鸡尾酒巾、小吃等。
（2）特殊鸡尾酒按要求出品，如需点火、闻香等。

（四）收尾工作

（1）将酒水收回原位摆放。
（2）将调酒工具，如调和杯、吧勺、量酒器，清洁后摆放原位。
（3）对台面进行清洁。

三、兑和法的注意事项

（1）倒酒时要防止滴洒，防止磕碰。

（2）严格按照配方分量进行调配，特别是经典鸡尾酒配方。

（3）按个人操作习惯，进行合理的操作台布局。防止过多重复，交叉，多余的动作。

（4）在出品时注意搭配搅拌棒，尤其是分层类的鸡尾酒有时是需要客人自己搅拌后再喝，口感会更好。

（5）在采用捣和式时，尽量不要在玻璃杯中捣和，防止杯具破损，要使用专用的捣和盅或摇壶。

四、兑和法鸡尾酒调制案例

兑和法鸡尾酒
制作流程

（1）注入式制作。

龙舌兰日出鸡尾酒配方

Cocktail Recipe of Tequila Sunrise

原料（Ingredient）：

45毫升龙舌兰（Tequila）

120毫升橙汁（Orange Juice）

5毫升红石榴糖浆（Grenadine Syrup）

盛杯（Glassware）：香槟杯（Champagne Glass）

调制方法（Method）：兑和法（Build），注入式（Filling）

装饰（Garnish）：橙片（Orange Slice），红樱桃（Red Cherry）

（2）漂浮式制作。

B52鸡尾酒配方

Cocktail Recipe of B52

原料（Ingredient）：

10毫升咖啡利口酒（Kahlua）

10毫升百利甜酒（Bailey’s）

10毫升蒸馏酒（Liquor）

盛杯（Glassware）：子弹杯（Shot Glass）

调制方法（Method）：兑和法（Build），漂浮式（Floating）

装饰（Garnish）：点火（Take Fired）

（3）捣和式制作。

莫吉托鸡尾酒配方

Cocktail Recipe of Mojito

原料（Ingredient）：

45毫升百加得（Bacardi）

30毫升自制糖浆（Home Made Syrup）

1听苏打水（Soda Water）

8片薄荷叶（Mint Leaf）

半个柠檬（Lemon）

盛杯（Glassware）：海波杯（Highball Glass）

调制方法（Method）：兑和法（Build），捣和式（Muddling）

装饰（Garnish）：薄荷叶（Mint Leaf）

自学检测

请扫描二维码检测任务学习情况。

任务实训

任务名称：兑和法	姓名：	日期：
	班级：	学号：
任务描述： 学习者通过学习兑和法的制作流程，熟练掌握兑和法的操作方式，通过学习举一反三，并能根据兑和法鸡尾酒的配方，制作所有兑和法的鸡尾酒。		
任务清单： 请根据所学内容，以小组为单位，完成以下任务。		
1. 鸡尾酒的酒水为什么可以分层？		
2. 兑和法主要有哪3种操作方式？		
3. 你还知道哪些不同的兑和法的操作方式？		
4. 常见的兑和法鸡尾酒配方还有哪些？请列举至少2个配方。		
5. B52鸡尾酒出品与服务时，需要注意哪些事项？		

评价反馈

评价指标	评价内容	分数	分数评定
信息检索	能有效利用网络、图书资源查找有用的相关信息等；能将查到的信息有效地传递到学习中	10分	
感知课堂生活	认同工作价值；在学习中能获得满足感	10分	
参与态度	积极主动与教师、同学交流，相互尊重、理解、平等；与教师、同学之间能够保持多向、丰富、适宜的信息交流	10分	
	能够处理好合作学习和独立思考的关系，做到有效学习；能够提出有意义的问题或能发表个人见解	10分	
知识获得	了解兑和法鸡尾酒制作的特点及注意事项	10分	
	能够灵活运用兑和法的3种操作方式	10分	
	熟练掌握兑和法鸡尾酒的制作流程	10分	
	记忆10款及以上兑和法鸡尾酒配方	10分	
思维态度	能发现问题、提出问题、分析问题、解决问题、创新问题	10分	
自评反馈	按时按质完成任务；较好地掌握知识点；具有较强的信息分析能力和理解能力；具有较为全面严谨的思维能力并能做到条理清晰	10分	
自评分数			
总结与反思			

拓展知识

经典鸡尾酒配方

1. 黑色俄罗斯（餐后酒）

原料：50毫升伏特加，20毫升咖啡利口酒。

调制方法：调和法。

制作过程：将原料倒入装有冰块的古典杯中，轻轻搅拌。

装饰物：红樱桃。

2. 血腥玛丽（全天/提神酒）

原料：45毫升伏特加，90毫升番茄汁，15毫升新鲜柠檬汁，2滴伍斯特郡酱油，美国辣椒籽、芹菜、盐、胡椒（根据个人口味添加）。

调制方法：调和法。

制作过程：将所有原料和冰块放入调酒杯中轻轻搅拌，然后倒入古典杯中。

装饰物：芹菜、柠檬片（可选）。

3. 卡布瑞娜（全天酒）

原料：60毫升甘蔗酒，1个青柠切成小片，4茶匙白糖。

调制方法：兑和法。

制作过程：将青柠和白糖放入古典杯中轻轻捣碎。加满碎冰，加入甘蔗酒。轻轻搅拌使原料混合。

装饰物：柠檬。

4. 黄金之梦（餐后酒）

原料：20毫升加利安诺，20毫升柑橘香甜酒，20毫升新鲜橙汁，10毫升新鲜奶油。

调制方法：摇和法。

制作过程：将所有原料倒入装有冰块的摇酒器中，快速摇晃几秒钟。过滤倒入冷却的鸡尾酒杯中。

装饰物：橙皮。

5. 青草蜢（餐后酒）

原料：20毫升白可可甜酒，20毫升绿薄荷甜酒，20毫升新鲜奶油。

调制方法：摇和法。

制作过程：将所有原料倒入装有冰块的摇酒器中，快速摇晃几秒钟。过滤倒入冷却的鸡尾酒杯中。

装饰物：无/薄荷叶。

6. 长岛冰茶（长饮）

原料：15毫升伏特加，15毫升龙舌兰，15毫升白姆酒，15毫升杜松子酒，15毫升白橙皮利口酒，25毫升柠檬汁，30毫升糖浆，可乐适量。

调制方法：摇和法。

制作过程：将所有原料加入摇酒壶中充分摇匀后，倒入杯中，注入可乐至八分满，轻轻搅拌。

装饰物：柠檬。

7. 美泰（长饮）

原料：30毫升黑朗姆酒，30毫升白朗姆酒，45毫升菠萝汁，45毫升橙汁，10毫升红石榴糖浆。

调制方法：摇和法。

制作过程：将所有原料加入摇酒器中，加入冰块。摇匀后倒入古典酒杯或高脚杯中。

装饰物：橙/菠萝。

8. 玛格丽特（全天供应）

原料：50毫升蓝龙舌兰，20毫升君度，15毫升新鲜青柠汁。

调制方法：摇和法。

制作过程：将所有原料加入摇酒器中，加入冰块。摇匀后倒入冷却的鸡尾酒杯中。

装饰物：半盐边。

9. 椰林飘香（长饮）

原料：50毫升白朗姆酒，30毫升椰奶，50毫升新鲜菠萝汁。

调制方法：搅和法。

制作过程：将所有原料与冰块一起放入电动搅拌机中搅拌，倒入大杯中，用吸管饮用。

装饰物：菠萝。

项目五

新式茶饮制作

项目描述

在茶产业市场呈现消费群体年轻化、消费需求多元化的趋势下，蕴含健康属性的传统茶与新的消费趋势不断融合，这张有着数千年深厚文化底蕴的“中国名片”正迎来新一轮的发展机遇。众多新式茶饮品牌更注重产品创新和融合，原料工艺上也更为考究。采用茶原叶、以萃取浓缩等方式加上新鲜牛奶、水果等食材让茶叶更健康，更便捷，让更多年轻人爱上喝茶。

学习目标

❶ 知识目标

（1）陈述制作新式茶饮的原料配方。

（2）描述新式奶茶及果茶的制作步骤及技术要点。

❷ 能力目标

（1）能熟练掌握新式鲜奶茶、奶盖茶、水果茶、冷萃茶、气泡茶的制作。

（2）区别不同新式茶饮之间的制作方法及技术要点。

❸ 思政目标

（1）培养团队合作及分析总结的能力。

（2）培养人际沟通、创新等职业能力。

项目分析

❶ 重点

（1）新式鲜奶茶、奶盖茶的制作流程及技术要点。

（2）水果茶、冷萃茶、气泡茶的制作流程及技术要点。

❷ 难点

区别不同新式茶饮之间的制作方法及技术要点。

项目内容

- 新式茶饮制作
  - 奶茶制作
  - 果茶制作

任务1　奶茶制作

任务导入

2010年开始，随着人们生活水平和对美好生活需求的提高及生活节奏的不断加快，年轻消费者已不满足于不方便的传统“杯泡热饮”方式和同质化、无个性的液态罐（瓶）装即饮茶饮料产品，而且对街边现调茶饮的“天然”“健康”“方便”和‘时尚”等特性都有了更高的要求，以天然高质和现调现制为核心的新式茶饮逐渐成形，得益于消费市场巨大增长潜力，新式茶饮市场快速发展。年轻的消费群体对于具有“社交”等属性的新式茶饮十分追捧。

知识链接

新茶饮是在传统茶饮的基础上，结合现代饮品消费趋势和消费者需求，通过创新口味、包装和营销策略，推出的一种全新的茶饮产品。一是新鲜食材，会使用新鲜的牛乳、水果、芝士、坚果、木薯等丰富食材。二是乐于拥抱新技术。加工制售过程中，重视数字化和新技术的应用，实现人机的高效合作。三是用新的视角呈现品牌价值。

一、新式奶茶概述

（一）常见的新式奶茶

（1）茉莉奶茶　选用茉莉花，与大白毫春茶、绿茶为主拼配名茶层层窨制，与厚牛乳融合搭配茉莉茶冻。

（2）波波牛乳茶　定制嫣红真茗茶底与无奶精真牛乳灵感特调，加入65分钟慢熬黑糖波波，口感软糯有弹性，不同于普通珍珠，甘醇饱满，入口丝滑。

（3）芋泥鲜牛乳　选用绿茶，搭配广西荔浦芋泥和芋圆，再搭配香醇水牛鲜牛乳，鲜醇细腻，软糯顺滑。

（4）斯里兰卡奶茶　甄选斯里兰卡红茶，搭配香醇水牛鲜牛乳，加入手工熬煮的软糯弹牙黑珍珠和烤黑糖芝士。

（5）抹茶　选用抹茶，搭配香醇水牛鲜牛乳，加入抹茶冰激凌球，独有的抹茶香气。

（二）鲜奶茶的优势

新鲜奶茶营养价值就在于“新鲜”二字，为了达到新鲜的标准，奶茶店的经营者往往会采用新鲜的高品质原料，并采取现做现卖的经营方式，以力求奶茶的新鲜。这样的奶茶，它的营养价值就体现了出来，新鲜的牛乳原料，富含各种营养物质，高蛋白，能够满足人体能量和营养的需要，既美味好喝又营养满分。

新鲜奶茶的营养价值还表现在它的制作工艺上，为了保证奶茶的新鲜，现场制作奶茶，每一杯奶茶都是奶茶店的专业人员手工打造，顾客能够看到奶茶诞生的全过程，保证奶茶的卫生要求。新鲜的奶茶，慢品一杯，味道独特，暖心暖胃，十分舒服，还能维持一整天的精气神。

二、新式奶茶的制作

（一）新式奶茶制作的用具

新式奶茶制作的用具如表5-1所示。

表5-1　新式奶茶制作的用具

名称	用途	图片
不锈钢水壶	存储茶水	
饮料瓶	盛装果汁、糖浆等	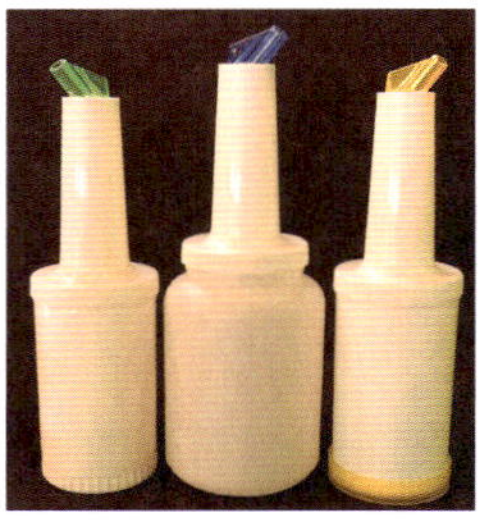
吧勺	搅拌饮品	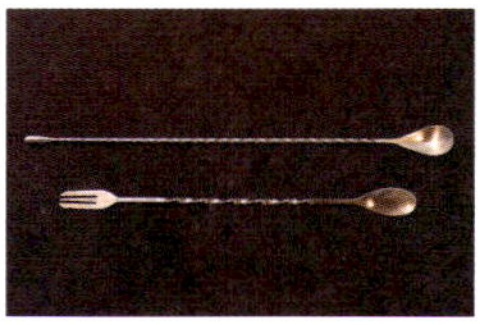

续表

名称	用途	图片
调制杯	制作手摇奶茶	
电动打泡器	打奶泡或搅拌	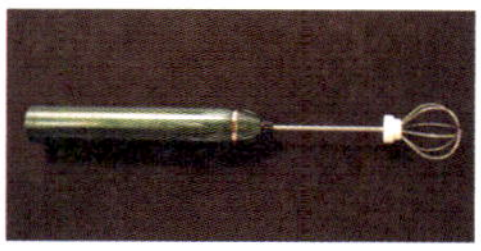
滤网（滤布）	过滤珍珠、芋圆、西米露等	
量杯	量取配方	
冰铲	铲冰	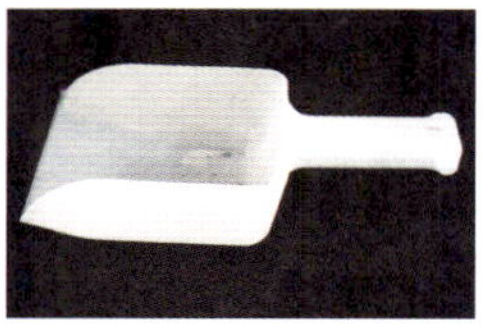
制冰机	制作食用冰块	

（二）新式奶茶的制作

1. 茉莉奶茶

茉莉奶茶

原料：

茉莉花茶（搭配少量大白毫春茶、绿茶）250毫升，新鲜牛乳80毫升，糖浆适量，茉莉茶冻40克。

制作方法：

①调制杯中加入茉莉花茶250毫升。

②再加入新鲜牛乳80毫升。

③根据个人喜欢加入适量糖浆。

④使用吧勺搅拌均匀。

⑤出品杯中加入1/4冰块和茉莉茶冻40克。

⑥将调制杯中的茶倒入出品杯中，完成出品。

制作要点：

茉莉花茶底和茉莉茶冻至少提前2小时冷冻。使用鲜奶口感更佳。

2. 波波牛乳茶

波波牛乳茶

原料：

鲜牛乳250毫升，红茶80毫升，黑糖波波80克，淡奶油50克。

制作方法：

①出品杯加入黑糖波波80克，用吧勺做挂壁效果，杯口预留大概2厘米位置不要沾黑糖。

②加入冰块至1/4杯处。

③将鲜牛乳250毫升和红茶80毫升倒入出品杯。

④淡奶油使用搅拌器打发后再加入至满杯即可。

制作要点：

提前1小时熬制黑糖波波，放置时间不宜超过12小时。

3. 芋泥鲜牛乳

原料：

鲜水牛乳300毫升，芋泥80克，米麻薯40克，芋圆40克，黑糖适量。

制作方法：

①出品杯加入芋泥捣碎挂壁杯，再加入米麻薯。

②调制杯中加入芋圆。

③在调制杯中倒入鲜水牛乳，根据个人喜好加入适量黑糖。

④使用吧勺快速搅拌10秒左右使其均匀。

⑤将调制杯中的原料倒入出品杯，完成出品。

制作要点：

选用新鲜水牛乳更佳，米麻薯需要现做口感更佳。

三、奶盖茶的制作

（一）奶盖茶的定义

奶盖茶是在茶底之上，覆盖一层将近3厘米厚的奶盖，主要是用真正纯鲜奶及奶盖粉调制而成的奶油。而假的奶盖茶加的则是奶香的泡沫甚至连奶泡都不是，喝在嘴里会有一股浓郁而不腻味的奶香味。

（二）奶盖茶的饮用方法

首先用嘴抿，品尝奶盖的味道；再用吸管直插茶底，喝下层的冰茶。待喝到一半的时候，就可以把整杯奶茶搅拌均匀，奶味加茶又会形成另一种口感完全不同的茶味。由于奶盖要用鲜奶打造，因此每一杯奶盖茶的最佳饮用期为1个小时之内。

其他饮用方法的步骤：

（1）先吸一口最底层的茶，可以喝到最原味的茶香。

（2）打开上盖直接饮用，让茶透过奶泡进入口中，奶香混合着茶香，又是另一番滋味。

（3）直接将奶泡与茶搅拌混合，入口呈现咸中带甜的独特滋味。

（三）奶盖茶制作的用具

奶盖茶制作的用具如表5-2所示。

表5-2　奶盖茶制作的用具

名称	用途	图片
不锈钢水壶	存储茶水	
吧勺	搅拌饮品	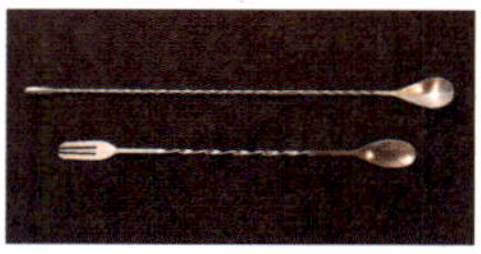
烧水壶	烧水	

续表

名称	用途	图片
量杯	量取配方	
冰铲	铲冰	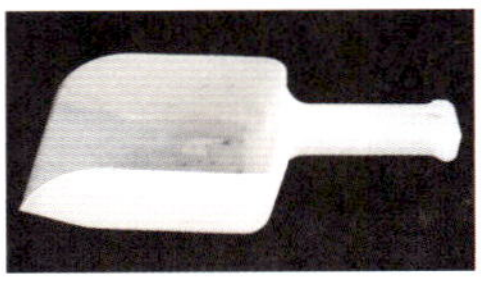
茶袋（筛网）	过滤	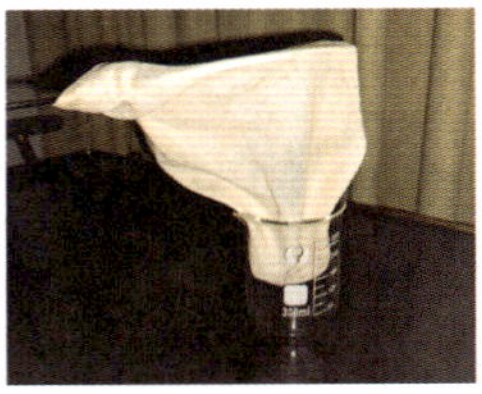
计时器	计时	
多功能搅拌机	搅拌，制作冰沙或榨汁	
制冰机	制作食用冰块	

（四）奶盖茶的制作

1. 芝士奶盖茶

芝士奶盖茶口感格外的浓郁丰富。这种饮品中融合了柔软细腻的芝士和浓郁的奶香，可以感受到深深的甜蜜滋味。

芝士奶盖茶

原料：

龙井茶250毫升，淡奶油125克，奶油奶酪25克，全脂牛奶15毫升，白糖10克，盐2克。

制作方法：

①使用85℃水温冲泡龙井茶250毫升，放置10分钟，并加入少量冰块。

②将奶油奶酪放至室温软化，淡奶油中加入奶油奶酪、全脂牛奶、白糖、盐，用搅拌器搅打均匀，当奶油开始形成浅浅的纹路，无明显流动时，静止半小时即可。

③用吧勺将打发好的奶油轻轻放在冷茶上，表面抹平。

制作要点：

茶需要冷萃冷冻静止6小时，奶盖打发需要分两次进行，第一次低速搅拌，第二次高速打发。

2. 海盐芝士奶盖茶

海盐芝士奶盖茶特有的芝士味泛着淡淡的光泽感，海盐的融入减少了奶盖的甜腻，咸味刚刚好，奶味超级浓，每次喝都是欲罢不能。

原料：

全脂牛奶15毫升，盐2克，奶油奶酪25克，白糖10克，淡奶油125克，肉桂红茶20克。

制作方法：

①使用95℃以上水温冲泡肉桂红茶250毫升，放凉。

②将奶油奶酪放至室温软化，淡奶油中加入奶油奶酪、全脂牛奶、白糖、盐，用搅拌器搅打均匀，当奶油开始形成浅浅的纹路，无明显流动时，静止半小时即可。

③用吧勺将打发好的奶油轻轻放在冷茶上，表面抹平。

制作要点：

茶要用肉桂红茶冷萃冷冻静止6小时，奶盖打发需要分两次进行，第一次低速搅拌，第二次高速打发。

3. 抹茶奶盖

原料：

茉莉花茶250毫升，奶盖60毫升（全脂牛奶15毫升，盐2克，奶油奶酪25克，白糖10克，淡奶油25克），抹茶粉45克，糖浆10毫升。

抹茶奶盖

制作方法：

①将奶油奶酪放至室温软化，淡奶油中加入奶油奶酪、全脂牛奶、白糖、盐，用搅拌器搅打均匀，当奶油开始形成浅浅的纹路，无明显流动时，静止半小时即可成奶盖。

②使用95℃以上水温冲泡茉莉花茶250毫升，抹茶粉40克和糖浆10毫升加入茉莉花茶摇匀。

③出品杯中，倒入混合好的茉莉花抹茶8分满。

④用吧勺将打发好的奶盖轻轻放在茉莉花抹茶上，表面抹平。

⑤顶部最后撒上5克抹茶粉。

制作要点：

茶需要热茶才可以冲开抹茶粉，奶盖打发需要分两次进行，第一次低速搅拌，第二次高速打发。

自学检测

请扫描二维码检测任务学习情况。

任务实训

<table>
<tr><td rowspan="2">任务名称：奶茶制作</td><td>姓名：</td><td>日期：</td></tr>
<tr><td>班级：</td><td>学号：</td></tr>
<tr><td colspan="3">任务描述：
学习者通过学习新式奶茶、奶盖茶的制作。熟悉它们的配方和制作步骤及要点，为奶茶制作的实践课程打下扎实的理论基础。</td></tr>
<tr><td colspan="3">任务清单：
请根据所学内容，以小组为单位，完成以下任务。</td></tr>
<tr><td colspan="3">1. 描述新式奶茶与传统奶茶的区别。</td></tr>
<tr><td colspan="3"></td></tr>
<tr><td colspan="3">2. 列举出新式奶茶制作的用具名称及用途（至少6件）。</td></tr>
<tr><td colspan="3"></td></tr>
<tr><td colspan="3">3. 描述一款新式奶茶的制作步骤及要点。</td></tr>
<tr><td colspan="3"></td></tr>
<tr><td colspan="3">4. 描述一款奶盖茶的制作步骤及要点。</td></tr>
<tr><td colspan="3"></td></tr>
</table>

续表

5. 概述新式奶茶的发展趋势。

评价反馈

评价指标	评价内容	分数	分数评定
信息检索	能有效利用网络、图书资源查找有用的相关信息等；能将查到的信息有效地传递到学习中	10分	
感知课堂生活	熟悉新式奶茶、奶盖茶的制作流程及技术要点；在学习中能获得满足感	10分	
参与态度	积极主动与教师、同学交流，相互尊重、理解、平等；与教师、同学之间能够保持多向、丰富、适宜的信息交流	10分	
	能处理好合作学习和独立思考的关系，做到有效学习；能提出有意义的问题或能发表个人见解	10分	
知识获得	区别新式奶茶与传统奶茶的不同之处	20分	
	能独立制作新式奶茶、奶盖茶	20分	
思维态度	能发现问题、提出问题、分析问题、解决问题、创新问题	10分	
自评反馈	按时按质完成任务；较好地掌握知识点；具有较强的信息分析能力和理解能力；具有较为全面严谨的思维能力并能做到条理清晰	10分	
自评分数			
总结与反思			

拓展知识

新式茶饮的发展史

第一阶段：1998—2007年　现制茶饮连锁品牌诞生

在现制茶饮出现之前，市场上充斥着工业化气息浓重的廉价预拌粉调制饮料。随着经济的发展，人们的可支配收入快速增长，消费者需求发生改变，不再满足于甜腻的粉末和劣质的香精味，对饮品的卫生和品质有了更高的追求，现制茶饮行业因此开始变革。这一阶段代表连锁品牌有避风塘奶茶、蜜雪冰城。

第二阶段：2007—2012年　现制茶饮市场打开，消费习惯养成

2007年“都可”和“一点点”的出现，开启了现制茶饮行业新阶段。与之前的现制茶饮连锁品牌相比，这两个品牌作出了很大的更新，无论是奶还是茶都采用天然原料，目标客户定位于消费水平更高、追求健康饮品的客户，向他们传达“用料讲究”的信号，对其他的现制茶饮品牌形成了碾压之势。这一阶段代表连锁品牌有都可、一点点、快乐柠檬、书亦烧仙草。

第三阶段：2012—2018年　品牌爆发式增长，新茶饮时代到来

2012年对于现制茶饮行业来说是具有划时代意义的年份。这一年喜茶的创始人调制出了第一杯芝士现泡茶，紧接着推出了“芝芝芒芒”等爆款。这种用优质茶叶、鲜奶、新鲜水果等天然食材手工现场制作的饮料，被称为“新式茶饮”。区别于传统的奶茶店，他们更强调原材料的新鲜程度和新颖漂亮的外观。此后新式茶饮野蛮式生长，新品牌频出，截至2018年底，全国现制茶饮门店数量达到450000家，一年内增长了74%，新茶饮时代正式到来。这一阶段代表连锁品牌有喜茶、奈雪的茶。

第四阶段：2019年至今　市场格局形成，品牌方寻求转型

2018年以后，现制茶饮行业开始形成市场壁垒，品牌梯队在这几年逐渐稳定，市场格局基本成形。高端市场形成了一线城市喜茶、奈雪的茶、乐乐茶的寡头格局；中端市场茶颜悦色、一点点、都可等品牌格局稳定，门店数量稳步递增；与此同时，蜜雪冰城、书亦烧仙草、来一杯等平价茶饮品进行市场下沉，在三四线城市全面铺开。

2020年后，现制茶饮行业格局稳定，新茶饮消费进入常态化，二线城市茶饮市场趋于饱和，品牌方开始通过店面风格打造、概念叠加、跨界联名等方式寻求转型，同时销售渠道也向线上私域流量的构建进阶。

任务2 果茶制作

任务导入

果茶是近年来茶饮料当中快速崛起的一个细分品类。这种将果汁和茶相结合，并带有淡淡甜味的饮料成了消费者的新宠。果味和轻糖是这类产品颇受欢迎的秘诀。果茶行业市场分析中提到，有31%的消费者表示传统茶饮料过甜，47%的消费者愿意尝试果茶等新型茶饮料产品。果茶饮料既有水果和茶的清香，又有果汁自带的甘甜，正符合当下消费者低糖产品的需求。

知识链接

在茶饮品类中，果茶一直是“新鲜”与“高品质”的代名词。唯有使用新鲜的高品质水果，搭配醇香的茶底，方能更好地演绎出余韵回甘的口感，浸润消费者的心灵。现如今越来越多的人对果茶十分的钟爱，果茶也迅速地融入大家的日常生活中。

一、果茶制作用具

果茶制作用具如表5-3所示。

表5-3 果茶制作用具

名称	用途	图片
不锈钢水壶	存储茶水	

续表

名称	用途	图片
饮料瓶	盛装果汁、糖浆等	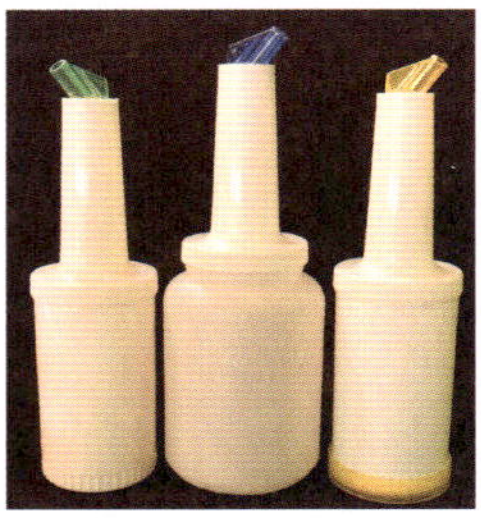
吧勺	搅拌饮品	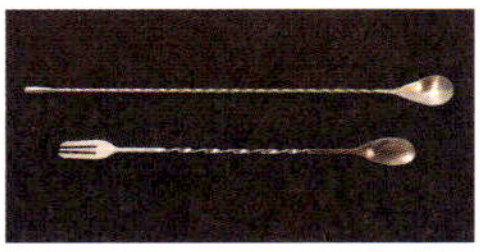
调制杯	制作手摇奶茶	
烧水壶	烧水	
量杯	量取配方	
冰铲	铲冰	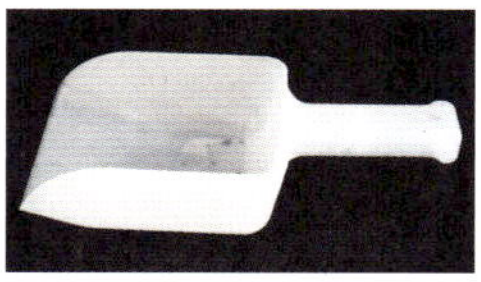
水果刀	切水果等	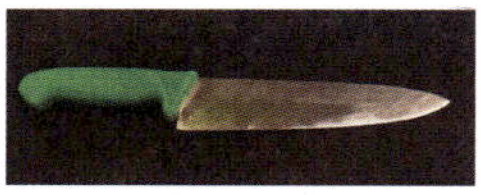

续表

名称	用途	图片
水果砧板	切水果等	
多功能搅拌机	搅拌，制作冰沙或榨汁	
制冰机	制作食用冰块	
电子秤	称重量	

二、果茶的制作

果茶是将加工制成的水果粒或新鲜水果，单品种或多品种，加水冲泡或煮与茶一起制成的饮料，即成果茶，如橘茶、香蕉茶、山楂茶、椰子茶等。果茶滋味甜美适口，很多年轻人喜欢。果茶的特点是健康和天然，既能消脂又能美容，不像其他瓶装果茶，担心超标的糖分和防腐剂。无论是在一个人的午后，还是合家欢聚的晚上，果茶都是适宜的饮品。

（一）杨枝甘露

杨枝甘露

杨枝甘露是我国香港极具特色的一道甜品，芒果果泥加上椰浆细滑香浓，用小勺一捞，每一勺都是满满的果肉，芒果的香、西柚的酸再加上软弹的西米，每一口都是享受。

原料：

芒果2个（约200克），西米60克，西柚50克，椰浆80毫升，牛乳100毫升，糖浆10毫升。

制作方法：

①煮锅中烧开水，大火煮沸后，加入西米，沸腾后转中火，煮大约15分钟，其间不断搅拌，防止黏锅底。

②15分钟后盖上锅盖，关火焖5～10分钟，至西米基本没有白点，如果还有白点，可以再开火煮一会儿、焖一会儿。

③捞出西米，用流动的水冲洗干净黏液。

④泡入冰开水中备用。

⑤将西柚剥去外皮，再撕去内层薄皮，剥出果肉，冷藏备用。

⑥芒果去核取果肉（方法：横刀沿果核片下两片厚肉，在果肉上打花刀，从果皮一面往上一推，果肉丁立即成花状散开，再片下果肉丁）。

⑦留出一些整齐漂亮的芒果丁，冷藏以备装饰。

⑧其余全部果肉放入搅拌机的搅拌缸，再加入椰浆、牛乳和糖浆。

⑨搅打到均匀顺滑。

⑩将西米捞出，沥干水分，与芒果果浆混合。

⑪撒上西柚粒和芒果丁即可。

制作要点：

注意把控西米露的火候和时间，制作过程严格按照配料投入的顺序进行。

（二）百香果水果茶

百香果含有丰富的维生素C，每100克果汁中就含有34.6毫克维生素C，还富含维生素A、维生素B_2等，另外还含有丰富的钙、磷、铁和多种氨基酸等物质。

原料：

百香果1个，苹果半个，橙子半个，红茶适量，蜂蜜适量。

制作方法：

从三分之一处切开百香果挖出果瓤，将苹果、橙子和红茶放进茶壶里，倒进百香果瓤，再倒进开水，泡10分钟左右，喝的时候加蜂蜜调味。

制作要点：

建议用真正的红茶代替茶包，红茶的香味和口味是茶包不能比的。

（三）芝芝莓莓（冰沙版）

芝芝莓莓

优选新鲜草莓轻捣出汁，加入柠檬汁搭配绿研茶汤，有淡淡玫香。

原料：

新鲜草莓90克，绿茶200毫升，糖浆适量，无奶精芝士80克。

制作方法：

①搅拌机中加入绿茶200毫升，糖浆（正常糖30克、半糖15克、少糖5克、无糖）。

②加入冰块淹过茶线。

③将草莓80克加入搅拌机中，速度调至高档，打15秒左右。

④停止机器，再加入草莓10克。

⑤机器调至中档，继续打至停止。

⑥将打好的冰沙倒进水果杯里，用刮泡网刮至距杯口2.5厘米的杯线处。

⑦将无奶精芝士顺时针搅拌5圈，倒入杯里至杯口齐平。

⑧将竖切成半片的草莓，挂在杯口进行装饰。

制作要点：

根据不同季节的时令水果，可以更换成不同的新鲜水果，制作方法和步骤不变。

三、冷萃茶的制作

（一）冷萃茶的定义

冷萃茶也称冷泡茶，与传统泡茶用开水泡茶相反，用冷水来冲泡茶叶。冷萃茶制作口感是否上佳，茶叶的选择很重要，一般以氨基酸含量偏高的茶叶为佳，如龙井茶，也有人测试过，用绿茶和乌龙茶来冷泡，口感也不错（如果选用的是乌龙或普洱茶茶饼，需先用热水将其冲开），而除了茶叶，水果也可以用来制作冷萃茶。

冷萃茶的冲泡时间一般不宜过长，如果常温喝，一般1～2小时即可正常饮用，如果需要冰饮风味，则冷藏不宜超过4小时。如果超出这个冲泡时长，那冷萃茶制作基本失败了，因为时间越长，口感越差，甚至香气都没有了，十分寡淡。

（二）冷萃法的好处

1. 保持有益物质完整

茶叶中含有多种营养物质，营养价值很高，但沸水冲泡后，许多营养成分被破坏。近年来，茶叶专家尝试了各种方法来解决既要保留茶味，又要保留茶叶营养成分的双重问题。冷萃茶是成功的方法之一。

2. 不影响睡眠

茶中的咖啡因有一定的提神作用，这也是很多人晚上喝茶后失眠的重要原因。绿茶用冷水冲泡4～8小时，能有效冲泡出有益的儿茶素，而咖啡因含量仅不到1/2。这种冲泡方法可以减少咖啡因的释放，而且不伤胃，不影响睡眠，适合体质敏感或胃寒者。

（三）冷萃茶的制作

原料：

茶20克，矿泉水1000毫升。

制作方法：

①准备茶水、矿泉水（或冷开水）、玻璃杯或其他容器。

②水与茶叶的比例约为50毫升：1克。这个比例味道最好。

③室温静置2～6小时后，即可倒出茶汤饮用。茶味香甜可口（或将茶叶过滤后放入冰箱冷藏）。绿茶的时间较短，2小时内即可出味，而乌龙茶和普洱茶的时间较长。

制作要点：

龙井茶和绿茶更适合使用冷水冷萃，冰箱静置6小时口感更佳。

（四）冷萃茶的制作要点

①水源：冷开水、矿泉水。

②茶叶：轻发酵茶为益，如绿茶、白茶、轻度发酵的红茶、乌龙茶等。也可用袋装茶（浸泡时间需要缩短）。

③工具：茶叶滤泡袋、可密封的杯子。

④茶水比：1克：100毫升左右，可按自己的风味喜好调整。

⑤时间：2～4小时。放入冷藏柜10～30分钟饮用口感更冰。

⑥配搭：水果（柠檬、橙、猕猴桃）；花（玫瑰、茉莉、桂花）需量少，才不会抢了茶叶的风味。

（五）冷萃茶的原理

（1）冷萃茶可以最先将茶叶中带甜味的氨基酸分子溶出，所以喝时品味较多的是茶的甘味。

（2）冷萃茶因为低温，咖啡因萃取量极少，所以苦味极少，对肠胃刺激极小。

（3）冷萃茶可以将挥发性脂肪酸萃取出来，所以茶的清香味也会在喝的时候品味到。

风味特点：清香、甘甜、温和。

适合人群：上班族、上课族、开车族、登山族等人群。

四、气泡茶的制作

气泡茶就是往泡好的茶汤里加进二氧化碳气体，使得喝进口的茶汤滋味更加丰富。除茶味和细微的甜味之外，还有气体的刺激，有种喝碳酸茶饮料的酸爽口感，但是没有那么甜。同时也可以往茶汤里加入新鲜水果，让身体摄取茶汤里的微量元素和水果的维生素，满足现代人对健康饮食的需求。

在全世界风靡了几百年的可口可乐，没有气泡就只是一杯平平无奇的糖水。当气泡从口腔刺激到喉管，这种爽感是普通饮品远远达不到的。而气泡茶的出现，则正好满足了当代年轻人对低糖低卡、天然、有个性又不失口感的诉求。

（一）百香果气泡茶

原料：

百香果1个，新鲜柠檬汁15毫升，茉莉花茶100毫升，百香果糖浆15毫升，青柠檬1片，薄荷叶3片，苏打水1听。

制作方法：

①将百香果果肉挖出放入摇酒壶。

②摇酒壶中加入柠檬汁、茉莉花茶、百香果糖浆，加入8分满冰块摇和15秒。

③将摇和好的原料倒入出品杯中，加入6分满冰块、青柠檬1片和薄荷叶3片，使用吧勺搅拌均匀。

④最后加入苏打水至满。

制作要点：

所有原料需要充分融合，摇和时间不能低于10秒，为了保持苏打水的气泡，最后才能加入苏打水。

（二）香橙气泡水

香橙气泡水

原料：

橙子半个，苏打水1听，鲜榨橙汁200毫升，糖浆10毫升，薄荷叶3片。

制作方法：

①将橙子切片。

②摇酒壶中加入橙汁、糖浆、薄荷叶，加入8分满冰块摇和15秒。

③将摇和好的原料倒入出品杯中，加入6分满冰块、半片橙子，使用吧勺搅拌均匀。

④最后加入苏打水至满。

制作要点：

①橙子可以替换成血橙、红柚等柑橘类水果。

②薄荷叶清洗干净，放在手心中拍打，可以激发薄荷叶的气味。

③鲜榨水果口感更佳，苏打水最后加入，保持气泡感。

（三）白桃乌龙气泡茶

白桃乌龙气泡茶

原料：

水蜜桃果肉泥80克，柠檬片1片，水蜜桃丁50克，冷泡乌龙茶150毫升，苏打水1听。

制作方法：

①出品杯中加入水蜜桃果肉泥，并使其均匀挂杯，再加入6分满冰块。

②出品杯中加入冷泡乌龙茶、柠檬片1片、水蜜桃丁，使用吧勺搅拌均匀。

③最后加入苏打水至满。

制作要点：

①果肉尽量切小块捣压成泥，这样不仅可以快速释放果汁，还方便用吸管直接吸入食用。

②果汁冰块制作时要加适量的水，这样比纯果汁制作的冰块融化速度要慢一些。

③可不放柠檬，因为柠檬香气比较重。

自学检测

请扫描二维码检测任务学习情况。

任务实训

<table>
<tr><td rowspan="2">任务名称：果茶制作</td><td>姓名：</td><td>日期：</td></tr>
<tr><td>班级：</td><td>学号：</td></tr>
<tr><td colspan="3">任务描述：
学习者通过学习果茶的制作，熟悉果茶的制作要点，为茶饮制作的实践课程打下扎实的理论基础。</td></tr>
<tr><td colspan="3">任务清单：
请根据所学内容，以小组为单位，完成以下任务。</td></tr>
<tr><td colspan="3">1. 描述新式茶饮与传统茶的区别。</td></tr>
<tr><td colspan="3"></td></tr>
<tr><td colspan="3">2. 描述一款新式水果茶制作的流程及步骤。</td></tr>
<tr><td colspan="3"></td></tr>
<tr><td colspan="3">3. 描述一款冷萃茶制作的流程及步骤。</td></tr>
<tr><td colspan="3"></td></tr>
<tr><td colspan="3">4. 描述一款水果茶制作的流程及步骤。</td></tr>
<tr><td colspan="3"></td></tr>
</table>

续表

5. 描述冷萃茶的制作流程及步骤。

评价反馈

评价指标	评价内容	分数	分数评定
信息检索	能有效利用网络、图书资源查找有用的相关信息等；能将查到的信息有效地传递到学习中	10分	
感知课堂生活	熟悉果茶的分类及风味特点；在学习中能获得满足感	10分	
参与态度	积极主动与教师、同学交流，相互尊重、理解、平等；与教师、同学之间能够保持多向、丰富、适宜的信息交流	10分	
	能处理好合作学习和独立思考的关系，做到有效学习；能提出有意义的问题或能发表个人见解	10分	
知识获得	明确果茶的主要制作流程及风味特点	20分	
	能够熟练掌握果茶、冷萃茶、气泡茶的制作	20分	
思维态度	能发现问题、提出问题、分析问题、解决问题、创新问题	10分	
自评反馈	按时按质完成任务；较好地掌握知识点；具有较强的信息分析能力和理解能力；具有较为全面严谨的思维能力并能做到条理清晰	10分	
自评分数			
总结与反思			

拓展知识

当“减糖不减甜”成为茶饮品牌共同的目标，“糖”也经历了快速的迭代升级

甜度，一直是茶饮绕不开的话题。从正常糖到少糖，再从微糖到不另外加糖，除消费者口味偏好的原因外，品牌给出更多选项，也是影响人们调整糖度的重要原因。这相当于约一半人喝奶茶，都不会选择标准配方的甜度。何以至此？

在奶茶尚没有糖度选择的时候，“标准甜”就是以研发视角判断，最适合市场大众的口味。但随着近年消费风向朝着低糖饮食、健康饮食发展，刻意降低糖分摄取，也是消费者点奶茶时重新审慎糖度选择的重要原因。但实际上，糖不仅是提供甜味，还有提鲜、改善酸度、均衡口感等功能，用得合适，能够“四两拨千斤”，更好地凸显产品风味。对于消费者而言，“甜”也不是原罪，他们在意的实际上是糖带来的热量。早在2018年起，乐乐茶、喜茶就开始尝试性地推出低卡糖。喜茶在菜单中添加“低卡甜菊糖”的选项，打出“热量、含糖量直降90%”以上的口号。因为它的甜度很高，所以将茶饮中的原味糖换成低卡糖，并不会降低甜度，而是降低热量。品牌方减糖不减甜的做法，正切中了消费者的痛点。奈雪的茶则是行业中早期使用零卡糖的探索者，出于对健康消费理念的尝试，从2019年开始就推出零卡糖，将其作为甜度选择中的替换项。在除了宝藏茶之外的多款水果茶产品中，均可以升级为零卡糖。零卡糖可实现零糖分、零热量、零脂肪，同时不影响茶饮甜度。这一动作，很快得到了消费者认可。据奈雪的茶2021年报告数据，有11%的消费者选择零卡糖，这一数据比前一年增长了105%；而超1/3的消费者选择少甜或不另外加糖，减糖成为重要趋势。

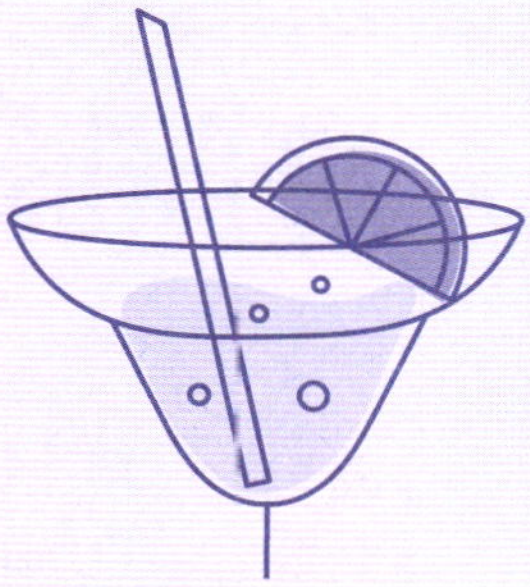

模块三

服务与品鉴

项目六

咖啡服务与品鉴

项目描述

通过本项目的学习，使得学生掌握在星级酒店与豪华游轮内鉴定精品咖啡品质的能力，懂得把控不同产区不同用途咖啡豆的品质，以便更好地促进咖啡的出品。并且在拥有优秀的出品时，需要搭配优质的服务将上好的咖啡提供给客人，培养学生品控意识与服务意识的职业素养。

学习目标

❶ 知识目标

（1）描述咖啡服务流程。

（2）阐述咖啡风味及其品鉴用具。

（3）记忆咖啡品鉴杯测方法。

❷ 能力目标

（1）掌握咖啡品鉴杯测方法。

（2）具备优质服务能力。

❸ 思政目标

（1）通过课堂练习与小组合作的模式培养吃苦耐劳的精神、自主工作的意识及团队协作能力。

（2）通过对咖啡品质鉴定的反复实操练习，培养学生精益求精的匠人工作态度。

项目分析

❶ 重点

咖啡服务的基本流程。

❷ 难点

咖啡品鉴的基本方法。

项目内容

- 咖啡服务与品鉴
  - 咖啡服务
  - 咖啡品鉴

任务1 咖啡服务

任务导入

面对竞争越来越激烈的咖啡市场，很多咖啡店强调抓好销售，希望通过“价格”来吸引客人，而对咖啡店的服务不是很重视。如果作为一个连服务都不重视的咖啡店，如何吸引客人复购，如何与客人建立起联系，才能稳定地将咖啡事业长久平稳地发展下去？

知识链接

一、咖啡服务的重要性

一个好的咖啡馆经营者，不仅要懂得经营还要懂得管理，一个优秀的咖啡师更加务实、更加灵活、更加有效，不但要懂得单品经典热咖啡、冰咖啡系列，意式经典咖啡系列，单品经典果汁系列，花饰经典果汁系列，单品茶系列，花果茶系列，花草茶系列，冰激凌系列，夏日冰沙系列等，而且要懂得餐食，有美味茶点系列，中式套餐系列，西式套餐系列，部分调酒、部分商务套餐及情侣套餐等多系列，还要能够管理好表演舞台、才艺展示区、休闲区、商务区、包厢区，满足不同消费层次的需求，全方位增加经济收入，提高经济效益。

除此之外，咖啡师还要注意许多细节，比如在等客时，要有优雅的姿势，且注意服装、化妆等仪表；接待顾客之际，要有适当的表情。

咖啡馆还要有情调，要让店铺内部的装潢设施、吧台陈设以及店铺的照明等，有魅力且具美感。总之，咖啡师必须能动用“人”“设备”“便利”等种种因素，塑造整店综合活动形象。

二、咖啡佐餐搭配

咖啡在佐餐时总的原则与酒的佐餐相类似，即口味浓厚的咖啡与口味浓重的饭菜相配；反之，口味较清淡的咖啡与口味较清淡的食品相匹配。如南美咖啡、夏威夷咖啡口味较为温和、顺滑，这种咖啡应与较清淡的春夏季甜点来搭配；而产于非洲的咖啡口感一般较厚重，适合与丰盛、但又易消化的饮食、甜点相配；印度尼西亚咖啡香醇浓厚，适合于搭配较油腻、较甜的饭菜及甜点；深度焙烤出的咖啡及意式咖啡对用巧克力制作的食品则较为适宜。

（一）黑咖啡+重口味甜品

黑咖啡通常是美式咖啡或清咖，可以用浓缩咖啡兑水，也可以用美式机、法压壶、手冲壶等各类咖啡设备做出一杯好喝的、不加糖或者奶的纯正咖啡。这样的咖啡香醇，有很明显的咖啡自身特有的味道，也带有些许提神的苦味跟巧克力味，最适合不过那些口味重或者甜度高的甜点，如重芝士蛋糕、黑森林蛋糕、布朗尼、巧克力慕斯等。黑咖啡的苦味去除这些重口味甜点的甜腻，让口腔能显得更为清爽，同样这些甜点也让黑咖啡的苦与酸味变得更温和，韵味更长久。

（二）风味咖啡+酸甜口味甜点

拿铁、卡布奇诺、摩卡等花式咖啡不仅含有浓郁的咖啡香，更融合了牛奶、巧克力酱、酒、奶油等原材料的特殊香气，搭配酸甜口味的甜点再合适不过，如蓝莓起司蛋糕、柠檬奶油瑞士卷等，可以使咖啡品尝起来更富有层次变化。波士顿派或蛋挞等口味清爽的甜点也是一个上佳的选择，咖啡本身的丰富感会被充分带出。

（三）冰咖啡+水果甜品

冰咖啡指冰拿铁、冰滴咖啡或者冷萃咖啡，相比于热咖啡口感的浓烈，冰咖啡在口感上更为清爽内敛，若搭配上水果甜点，则能最大限度地提升水果的风味，如水果松饼、草莓千层派、水果挞等。

三、咖啡馆服务流程

（一）准备工作

1. 咖啡杯

（1）根据客人数量准备咖啡杯。

（2）确保咖啡杯、咖啡杯碟、咖啡勺无遗漏。

（3）检查咖啡杯整洁度，要求无水渍、无缺口。

2. 糖奶碟

（1）检查糖奶碟整洁度，要求无水渍、无缺口。

（2）确保咖啡糖、奶块质量合格，无破口，干净卫生。

（二）摆放要求

（1）咖啡杯　将咖啡杯置于咖啡杯碟上，杯把朝向客人；咖啡勺平行于咖啡杯放置右边，勺把朝向客人。

（2）糖奶碟　将咖啡糖和奶整齐有序地置放于圆碟上。圆碟上部分摆两盒奶块，正面向上，尖头指向圆碟下方；下部分分别摆放两袋白糖和两袋红糖（左白右红），商标朝上。

（3）将备好的糖奶碟置放在每两位客人中间。

（三）服务流程

咖啡服务流程

1. 问候客人

（1）欢迎客人

①打开大门，立于领位台内。

②见到客人走至2米外后，走出咨客台，左手握饮品单。

③向客人微笑，打招呼，如是常客，则以某某先生/小姐称呼。

（2）询问预订　询问客人是否有预订。

①预订：接受预订时，问清楚客人姓名、订座人数、就餐时间、联系方式和客人的特殊要求。

②如客人已预订，带其到事先已订好的桌前。

③如客人未预订，按客人要求和人数带入相应的餐桌。

④询问客人是否吸烟，并分别带入吸烟区或非吸烟区。

⑤询问客人是否有其他爱好，如靠窗或角落的位子。

2. 引导入座

（1）为女士拉椅，等其入座后，将椅子推入。

（2）呈递酒水单。

①打开饮料单从右边递至客人。

②倒退两步，转身离开，迅速回到领位台。

（3）厅面服务员倒冰水。

①立于客人右侧。

②用左手轻轻拿起水杯。

③将水往水杯中间倒，以示对客人的尊重。

④将水倒八分满。

⑤轻轻放置客人右手边。

3. 点单

（1）走近客人，面带微笑，目光接触客人，站于客人右侧。

（2）认真听取客人的点单，先女后男，顺时针原则。

（3）在“点菜单”（一式三联），填写桌号、人数、服务员姓名。

（4）填写饮料名称及数量。

4. 特色推荐

（1）点单时，可向客人推荐咖啡吧的当季新品或者节日套餐。

（2）点单时，可根据客人的性别、年龄、爱好进行相应的咖啡饮品和食品推荐。

5. 重复点单

（1）重复客人所点内容，得到客人认可后，倒退离开。

（2）下单　把已点好的订单交予收银员，由收银员下单。

6. 服务咖啡与食品

（1）糖盅内放2包低糖、4包咖啡晶糖、6包白糖；奶盅内倒1/2奶。

（2）将糖盅、奶盅置于餐桌中间。

（3）右手拿咖啡杯碟，上放咖啡杯，茶匙平置于咖啡杯前，从客人右手边放于客人两手之间。

（4）用茶壶/咖啡壶为客人倒2/3满，将壶放于客人右手边，壶口勿对客人，应朝外。

7. 席间服务

（1）站立于客人左侧。

（2）添水　不断添加水，水杯不能少于1/3。

（3）左手托托盘，站于客人右边，将客人使用完毕的空盘子或纸巾等收拾到托盘中。

（4）退后两步，离开。

8. 结账

（1）准备好结账单，站于客人右侧，将结账单呈递给客人确认。

（2）客人确认账单后，询问支付方式，并引领客人结账。

9. 送客

（1）为客人拉椅。

（2）与客人告别，欢迎客人再次光临。

10. 清理台面

（1）左手托托盘，将客人使用完毕的空盘子或纸巾等收拾到托盘中。

（2）使用干净的抹布将台面擦拭干净，恢复台面。

自学检测

请扫描二维码检测任务学习情况。

任务实训

<table>
<tr><td rowspan="2">任务名称：咖啡服务</td><td>姓名：</td><td>日期：</td></tr>
<tr><td>班级：</td><td>学号：</td></tr>
<tr><td colspan="3">任务描述：
学习者通过学习咖啡服务的知识。深入了解咖啡服务的重要性，同时也熟悉了专业咖啡服务的全部操作流程，为日后学生对咖啡服务的质量、咖啡店的运营管理打下坚实的理论与实践基础。</td></tr>
<tr><td colspan="3">任务清单：
请根据所学内容，以小组为单位，完成以下任务。</td></tr>
</table>

续表

1. 简述咖啡服务的重要性。
2. 列举咖啡服务的基本流程。
3. 简单说明重复点单的必要性。
4. 归纳总结咖啡席间服务涵盖哪些注意事项。

评价反馈

评价指标	评价内容	分数	分数评定
信息检索	能有效利用网络、图书资源查找有用的相关信息等；能将查到的信息有效地传递到学习中	10分	
感知课堂生活	熟悉咖啡服务的特点，在学习中能获得满足感	10分	
参与态度	积极主动与教师、同学交流，相互尊重、理解、平等；与教师、同学之间能够保持多向、丰富、适宜的信息交流	10分	
	能处理好合作学习和独立思考的关系，做到有效学习；能提出有意义的问题或能发表个人见解	10分	
知识获得	能够掌握咖啡服务的流程	20分	
	能够明确咖啡品鉴的方法	20分	
思维态度	能发现问题、提出问题、分析问题、解决问题、创新问题	10分	
自评反馈	能够按时按质完成任务；较好地掌握知识点；具有较强的信息分析能力和理解能力；具有较为全面严谨的思维能力	10分	
自评分数			

续表

总结与反思	

拓展知识

咖啡饮用礼仪

1. 怎样拿咖啡杯

在餐后饮用的咖啡，一般都是用袖珍型的杯子盛出。这种杯子的杯耳较小，手指无法穿出去。但即使用较大的杯子，也不要用手指穿过杯耳再端杯子。咖啡杯的正确拿法，应是拇指和食指捏住杯把再将杯子端起。

2. 怎样给咖啡加糖

给咖啡加糖时，砂糖可用咖啡匙舀取，直接加入杯内，不过现在独立小包装的砂糖包非常便于操作了；也可先用糖夹子把方糖夹在咖啡碟的近身一侧，再用咖啡匙把方糖加在杯子里。如果直接用糖夹子或手把方糖放入杯内，有时可能会使咖啡溅出，从而弄脏衣服或台布，是极不礼貌的行为。

3. 怎样使用咖啡匙

咖啡匙是专门用来搅咖啡的，饮用咖啡时应当把它取出来。不再用咖啡匙舀着咖啡一匙一匙地慢慢喝，也不要用咖啡匙来捣碎杯中的方糖。搅过咖啡的匙，上面都会沾有咖啡，应轻轻顺着杯子的内缘将汁液擦掉，绝不能拿起匙甩动，或用舌头舔咖啡匙。用过的匙最好放在托盘的内侧，以免端起咖啡杯时碰落。标准的搅拌手法是将咖啡匙立于咖啡杯中央，先顺时针由内向外画圈，到杯壁再由外向内逆时针画圈至中央，然后重复同样的手法，这种方法令咖啡浓淡均匀。

4. 咖啡太热怎么办

刚刚煮好的咖啡太热，可以用咖啡匙在杯中轻轻搅拌使之冷却，或者等待其自然冷却，然后再饮用。用嘴试图去把咖啡吹凉，是很不文雅的动作。

5. 咖啡杯碟的使用

影视剧中的演员有时会按照喝茶的礼仪来喝咖啡，用手或杯碟托着咖啡杯喝，所以我们也有样学样了。可这是错误的！应该放下杯碟，只端着咖啡杯喝才是正确的喝法。

6. 喝咖啡与用点心

有时喝咖啡可以吃一些点心，但不要一手端着咖啡杯，一手拿着点心，吃一口喝一口地交替进行。饮咖啡时应当放下点心，吃点心时则放下咖啡杯。

任务2 咖啡品鉴

任务导入

某咖啡吧在筹备期间，咖啡吧老板面对市面上众多的咖啡豆，不知道该如何从中找到真正优质的咖啡豆。为了开一家咖啡品质极高的咖啡吧，除了要了解产品信息、观察外形，最直观的还是直接品尝味道，最终还是要能够出品可口的咖啡。因此，咖啡吧老板邀请了专业品质鉴定师，决定对市面上的咖啡豆进行杯测（Cupping），在短时间内连续品尝更多数量的咖啡，从而选择出最适合该咖啡吧的咖啡豆。

知识链接

一、咖啡杯测的来源

在咖啡行业中，咖啡品质鉴定中有一种用来确认咖啡品质好坏的专业方式，就是咖啡杯测。咖啡吧每次决定是否要上架一款新豆子时都会经过多次杯测来确定某款豆子的某条曲线较为适合，才最终确定下来。杯测是咖啡品鉴范围中的一个标准，不经过杯测的咖啡无法确定品质，也无法进行调整和确定烘焙曲线。

无论咖啡豆烘焙师还是咖啡师，在挑选咖啡豆之前，都必须经过杯测，才能精准挑选到好的咖啡豆。就像咖啡主理人在上架每款豆子的时候都是经过多轮杯测，不断调整咖啡豆的烘焙曲线，以把每款咖啡豆的最好风味烘焙出来。咖啡主理人会以客观的态度去判断咖啡豆的甜质、酸质、口感、风味、余韵、香气等多个方面，挖掘咖啡豆的烘焙特性，找出市场接受的优点，再去决定是否采购。

目前国际上比较通用的杯测流程主要有两种，分别是美国精品咖啡协会（The Specialty Coffee Association of America，简称SCAA）或咖啡竞赛组织（Cup of Excellence，简称COE）制定的。SCAA的评分项目分为干香/湿香、风味、余韵、酸质、醇厚度、一致性、平衡感、干净度、甜度、总评和瑕疵扣分共11个。而COE杯测是每个样品4杯。COE杯测的项目分为干/湿香气、干净度、甜度、酸质、口感、风味、余韵、平衡度、总体评价共9个。

二、咖啡杯测基本知识

当我们用具体的语言记录下品尝每一款咖啡的感受时，我们对所品鉴咖啡的印象会更加持久和深刻。运用具体的语言来记录咖啡的特点能帮助我们与其他品尝者进行准确的交流，即便这款咖啡是很久以前饮用的。因此，无论对咖啡的生产者还是销售者，这个技巧都是不可或缺的。精确的杯测，可以品尝出咖啡最为基础的固有特性。

咖啡品鉴
方法——杯测

（一）咖啡品鉴环境要求

1. 光线要求

理想的咖啡品鉴光线既不能太暗，也不能在带有颜色的灯光下品鉴，因为这样会影响人们对咖啡颜色的一个判断。正确的品鉴光线，可以选择在自然光下或者是白色灯光下进行。

2. 气味要求

在品鉴咖啡时，品鉴环境不能有任何含有异味的物品，例如：清洁剂、烟草、食物和香水等，这些都会干扰我们对咖啡香气的一个判断。同时，品尝者的口腔必须不受到异味的干扰，例如：烟草、食物、酒水、口香糖以及牙膏的残留香气等，如果口腔中有残留的味道，可以通过咀嚼面包来去除。

3. 声音要求

在品鉴的过程中，不能有声音的干扰。比如音乐，特别是音量较大的摇滚音乐；建筑工地嘈杂的敲击声；马路上汽车的鸣笛声等，这些都会影响我们对咖啡的最终评价。

4. 空间要求

在品鉴咖啡时，还需要准备足够的空间来摆放咖啡杯以及做品鉴记录。

（二）咖啡杯测使用器具

咖啡杯测使用器具如表6-1所示。

表6-1　咖啡杯测使用器具

名称	解释
咖啡样品	熟豆是在杯测前8～24小时内完成，熟豆至少要放置8小时
咖啡电子秤	称咖啡粉重量，主要是为了控制水粉比

续表

名称	解释
计时器	记录时间
热水壶	烧开水，冲煮咖啡，一般加入235～295毫升的水
杯测碗	容量大概在175～300毫升。用来盛放需要被杯测的咖啡
厨房用纸	用来擦拭破渣后的咖啡勺
杯测勺	参与杯测人员，每人2把。用来破渣及品鉴咖啡
玻璃杯	一般用来涮洗杯测勺
纸杯	用来方便杯测者吐咖啡液
杯测表格	用来记录并测量咖啡的品质
铅笔	用来填写杯测表格

（三）品鉴样本准备要求

品鉴样本准备要求如表6-2所示。

表6-2　品鉴样本准备要求

项目	准备要求
烘焙	1. 杯测样品需要在杯测前8～24小时内烘焙完成 2. 杯测样品烘焙度为：咖啡烘焙测度仪（M-Basic型Agtron测试仪），全豆58（+/-1），研磨后粉63（+/-1）；SCAA烘焙色板，全豆#55，研磨后粉#60 3. 样品烘焙时间为8～12分钟，而且不可以有豆体或者豆端烫伤的烘焙缺陷 4. 烘焙好的咖啡豆要立即进行风冷冷却，不可以水冷；冷却到室温后即装袋放置阴凉处避光、封闭保存，但不可冷藏或者冷冻
水粉比例	1. 8.25克粉对应150毫升水 2. 首先测量杯测用杯/碗的总承载水量，再根据上述比例计算出所需咖啡粉量，进行咖啡全豆的称重，误差控制在+/-0.25克
杯测杯	1. 应当使用钢化玻璃或陶瓷材质杯子 2. 杯子容量在207～266毫升 3. 杯口直径在76～89毫米，所有杯子应当使用相同的体积、尺寸和材料
杯测汤匙	使用抗静电的金属材质（大多使用不锈钢），每匙容量能有4～5毫升
杯测准备	1. 杯测样品尽量在杯测开始前，一切就绪时进行研磨。原则是如果无盖覆盖，最多不超过15分钟内必须注水；如果有盖覆盖，也不可超过30分钟开始注水 2. 杯测样品需是咖啡豆，称重到上述水粉比例 3. 研磨度的要求是：研磨后的咖啡粉70%～75%通过美标#20号网筛，每只样品研磨前，要用少量同种样品豆清洗磨豆机以避免样品间的交叉影响
注水	1. 水质要求是：干净无异味，总矿物质溶解度浓度（TDS）最佳范围是125～175毫克/升 2. 杯测用水不可以重复加热，要新鲜，注水时的水温要在93℃（根据海拔不同做适量调整） 3. 注水时要注满至杯测杯/碗边缘，每杯注水量要一致，要将咖啡粉全部浸泡，静置3～5分钟
水质	杯测用水不能含有香味，也不可使用蒸馏水、软水。水质理想的总矿物质溶解度浓度在125～175毫克/升，但不要小于100毫克/升，也不要超过250毫克/升（TDS太低就是萃取率过度，TDS太高就是萃取不足）。水温为93～94℃，注水后需等待3～5分钟再开始杯测

（四）咖啡杯测风味的专业术语

咖啡品鉴是一个非常严谨的过程，为了品味出咖啡原本的风味，咖啡品鉴师一般会通过杯测的方法来对咖啡进行最为专业的评价，在咖啡杯测的过程中要求甚多，对于咖啡品鉴师的要求也较高，表6-3是咖啡杯测风味的专业术语。

表6-3　咖啡杯测风味的专业术语

术语	解释
风味（Flavor）	是香气、酸度与醇度的整体印象，可以用来形容对比咖啡的整体感觉
酸度（Acidity）	是所有生长在高原的咖啡所具有的酸辛、强烈的特质
醇厚度（Body）	是调理完成的咖啡饮用后，舌头对咖啡留有的口感。醇厚度的变化可分为清淡如水到淡薄、中等、高等、脂状，甚至某些印尼的咖啡如糖浆般浓稠
香气（Aroma）	是指调理完成后，咖啡所散发出来的气息与香味。Bouquet是比较不常用的字，专指研磨咖啡粉的味道。Aroma通常具有特异性，并且是综合性。用来形容香气的词包括：焦糖味、炭烤味、巧克力味、果香味、草味、麦芽味、浓郁、丰富、香辛等
苦味（Bitter）	苦是一种基本味觉，感觉区分布在舌根部分。深色烘焙法的苦味是刻意营造出来的，但最常见的苦味发生原因，是咖啡粉用量过多，而水太少。苦味并不是发酸（Sour）的同义字
清淡（Bland）	生长在低地的咖啡，口感通常相当清淡、无味。咖啡粉分量不足，而水太多的咖啡，也会造成同样的清淡效果
咸味（Briny）	咖啡冲泡后，若是加热过度，将会产生一种含盐的味道。有部分咖啡店的咖啡属于这种味道
泥土的芳香（Earthy）	通常用来形容辛香而具有泥土气息的印尼咖啡。但这些所指的泥味并非指咖啡豆沾上泥土的味道。某些商业用咖啡会以廉价的咖啡混合，其中所含的泥味可能会变得脏脏的，这显然是因为将咖啡豆铺在地上进行干燥、粗糙的加工技术所造成的
独特性（Exotic）	形容咖啡具有独树一帜的芳香与特殊气息，如花卉、水果、香料般的甜美特质。东非与印尼所产的咖啡，通常具有这种特性
芳醇（Mellow）	是对低至中酸度、平衡性佳的咖啡所形容的词
温和（Mild）	表示某种咖啡具有调和、细致的风味。生长于高原的拉丁美洲高级咖啡，通常被形容为质地温和。此外，它也是咖啡界的一种术语，用来指所有除了巴西生产的高原咖啡
柔润（Soft）	形容如印尼咖啡般的低酸度咖啡，也可以形容为芳醇或香甜
发酸（Sour）	一种感觉区主要位于舌头后侧的味觉，是浅色烘焙咖啡的特点
香辛（Spicy）	指一种令人联想到某种特定香料的风味或气味。某种印尼所产的高原咖啡（尤其是陈年咖啡），蕴含小豆蔻般香甜的气味
浓烈（Strong）	就技术上而言，形容的是各种味觉优缺点的多寡，或指特定的调理成品中，咖啡与水的相对比例。就通俗的用法而言，浓烈形容的是深色烘焙咖啡强烈的风味。此外，它也误导人们产生含有大量咖啡因的错觉。事实上，咖啡因含量高的是罐装的清淡咖啡，因为其中含有较多的低因咖啡

续表

术语	解释
香甜（Sweet）	是一种普遍使用的形容词，本质上几乎像是水果味，与酒味也有关。生长于哥斯达黎加高原的咖啡通常具有辛烈的风味
狂野（Wild）	形容咖啡具有极端的口味特性。一般人若是无法接受的话，会称之为古怪，但也可能是吸引的特色，看个人喜好
葡萄酒味（Winy）	形容一种令人联想到葡萄酒般的迷人风味。水果般的酸度与滑润的醇度，所营造出来的对比特殊风味。肯尼亚咖啡便是含有葡萄酒风味的最佳典范

（五）咖啡杯测的方法

要求：使用SCAA咖啡杯测表格，填写相应的咖啡杯测记录表。

工具：SCAA咖啡杯测流程表（表6-4），SCAA咖啡杯测表填写说明（表6-5）。

场地：咖啡实训室。

表6-4 SCAA咖啡杯测流程表

步骤（Steps）	标准（Standards）	提示（Tips）
填写相关信息	填写名字、日期并在右上角标识自己的考生编号	注意填写正确
样品编码	对照杯测桌上的号码标识填写	一般按照字母顺序标号，比如A，B，C，D，E，F
称咖啡豆	每种样品需要准备4个杯测碗，以确保样品的一致性	准备4个杯测碗
研磨咖啡粉	研磨咖啡豆，成为咖啡粉	时间控制在15分钟内
闻干香	俯身去嗅咖啡粉的干香	尽量不要用手接触杯测碗。研磨后在10分钟之内确认干香
注水	确认干香后，准备好94℃的热水，依次倒入杯测碗，并开始计时，最后要确认是否所有咖啡粉都被热水浸泡	大水流注水，切莫煮沸后立即倒入
闻湿香	注水后，静置4分钟让咖啡粉充分浸泡在热水里	闻湿香时，切记靠得太近会烫到皮肤
破渣	注水后静置4分钟后，用杯测勺推动粉层3次破渣，不要过度搅动	注意静置时间
二度闻湿香	破渣后，大部分的香气物质会随着热水蒸气释放出来，这时的湿香气是最为浓烈的，我们通过此时的湿香气感受作为杯测中湿香部分的主要评定依据	闻湿香时，切记靠得太近会烫到皮肤
捞渣	快速闻完一轮湿香后，要迅速进行捞渣，将杯测碗、杯里咖啡液表面的粉渣捞除，达到表面大部分液面干净进行杯测即可	捞渣时，注意要迅速捞出

续表

步骤（Steps）	标准（Standards）	提示（Tips）
品尝	①第一次品尝：杯测勺捞取少量液体，轻轻放入口中进行啜吸，注意温度太高会烫伤。温度适宜后，再次捞取适量咖啡液体，啜吸品尝，辨识咖啡样品的风味、余味并记录。 ②第二次品尝：咖啡中温时第二次啜吸，辨识咖啡样品的酸感、口感和平衡度并记录。 ③第三次品尝：咖啡液体降至接近室温，第三次啜吸，辨识咖啡样品的一致度、干净度和甜感并记录	这里的次序安排是因为大部分的香气风味物质在咖啡较热的时候容易挥发，借助我们的口腔与鼻后腔被捕获以辨识，而酸感、口感与平衡度在咖啡液体从热到凉会有变化，所以要在热、温和室温时都要品尝以做出综合的评判
填写杯测表格	根据不同的测评表，进行表格填写	目前国际上比较通用的杯测流程主要有两种，分别是SCAA和COE
计算总分	①SCAA的杯测总分计算是把前面10个评分项目的分数加在一起再减去瑕疵分数。 ②一般分数在90～100分的称为Outstanding。 ③分数在85～89.99分的称为Excellent。 ④分数在80～84.99分的称为Very good。 ⑤小于80分则未达到精品级	①总分在85分或以上，属于COE竞赛级，也是卓越杯的优胜咖啡，是目前国际咖啡界公认最高水平的种类。总分在69分或以下，属于略差的商业豆或是工业用豆。 ②总分在70～74分，属于一般商业豆。 ③总分在75～79分，属于较优的商业豆，一般称为高级商业豆。 ④总分在80～84分，属于精品咖啡

表6-5　SCAA咖啡杯测表填写说明

序号	项目	解释
1	干香/湿香 [Fragrance/ Aroma（Dry）/（Wet）]	干香是指咖啡研磨后所挥发的香气，湿香则是咖啡粉加入热水浸泡后散发的香气。表格内的水平标记是评定香气的好坏，垂直标记是干/湿香气的强度，品质则描述所闻到的香味
2	风味 （Flavor）	风味是指一支咖啡豆具有特色的明显味道或产地风味，在风味的描述中可包括美好风味和瑕疵风味。有突出或者好的风味能获得高分，有瑕疵的风味则打低分
3	余韵 （Aftertaste）	余韵是指吮吸吞咽后，喉咙的余味香气返回鼻腔时产生的韵味。像平常喝完咖啡后，口腔能感受到蜂蜜、花香或巧克力的良好韵味，有时也会感受到像草腥的不好余韵。没有余韵或余韵过短，则得分低
4	酸质 （Acidity）	强弱适当的酸可以增加咖啡的活跃性、明亮度和水果风味感。评分时，必须根据“酸”的品质（酸质）评判，而非“酸”的强弱（酸度）。评分时需要注意，酸而不实或欠缺内涵的死酸、化学性酸不易得高分
5	醇厚度 （Body）	醇厚度与味道的关联并不大，是口腔触感的一种，尤其是舌头、口腔与上腭对咖啡液的触感。 醇厚度薄，形容如水一般寡淡；醇厚度高，形容咖啡有“厚”度
6	一致性 （Uniformity）	一致性是指杯测同一样品的几杯时，无论入口的香气、滋味和口感，均保持一致的稳定性。需要从咖啡高温时检测到室温下的温咖啡才准确，有些瑕疵味会在降温时出现

续表

序号	项目	解释
7	平衡感（Balance）	平衡感指整体风味的构成，相互辅助所促成的一个整体，从高温到室温的变化是否平衡，如果接近室温时出现尖酸或苦涩，则打破了平衡，不易获得高分
8	干净度（Clean Cup）	干净度是指尝到第一口至最后的余韵，没有令人不悦的杂味和口感。SCAA杯测表的此项有5个小方格，表示5杯都要测味，哪一杯有不干净的味道出现，则在哪一杯对应的方格标记并扣2分
9	甜度（Sweetness）	甜有两层含义，一是令人愉悦的圆润的甜感，二是先酸后甜的甜感。后者是碳水化合物和氨基酸在焦糖化和梅纳反应的酸甜产物，不仅是糖的甜感，更接近水果的酸甜感
10	总评（Overall）	此项给分相对主观，是对样品的香气、滋味和口感的综合评价。总分（Total Score）：将干香/湿香、风味、余韵、酸质、醇厚度、一致性、平衡感、干净度、甜度和总评的分数相加，即为总分
11	瑕疵扣分	首先，需确定是小瑕疵（Taint）还是大缺陷（Fault）。小瑕疵指尚未入口的咖啡粉干香和湿香的瑕疵气味，虽然严重，但没严重到难以下咽。大缺陷指瑕疵味重到碍口。 小瑕疵，每杯扣2分， 大缺陷，每杯扣4分。 扣分=缺点杯数×缺点强度

自学检测

请扫描二维码检测任务学习情况。

任务实训

<table>
<tr><td rowspan="2">任务名称：咖啡品鉴</td><td>姓名：</td><td>日期：</td></tr>
<tr><td>班级：</td><td>学号：</td></tr>
<tr><td colspan="3">任务描述：
学习者通过学习咖啡专业品鉴方式——咖啡杯测的知识。深入了解咖啡杯测的重要性以及对于咖啡风味把控的影响，同时也熟悉了专业咖啡杯测的全部操作流程，为日后学生对咖啡品质的鉴定与选择打下坚实的理论与实践基础。</td></tr>
<tr><td colspan="3">任务清单：
请根据所学内容，以小组为单位，完成以下任务。</td></tr>
<tr><td colspan="3">1. 简述咖啡杯测的必要性。</td></tr>
<tr><td colspan="3"></td></tr>
</table>

续表

2. 请列举咖啡杯测所需的器具。
3. 简要说明SCAA咖啡杯测表的风味解析。

评价反馈

评价指标	评价内容	分数	分数评定
信息检索	能有效利用网络、图书资源查找有用的相关信息等；能将查到的信息有效地传递到学习中	10分	
感知课堂生活	明确咖啡品鉴的重要性和方法；在学习中能获得满足感	10分	
参与态度	积极主动与教师、同学交流，相互尊重、理解、平等；与教师、同学之间能够保持多向、丰富、适宜的信息交流	10分	
	能处理好合作学习和独立思考的关系，做到有效学习；能提出有意义的问题或能发表个人见解	10分	
知识获得	能够掌握咖啡杯测品鉴的流程	20分	
	能够分温度区域品鉴咖啡风味	10分	
	能够准确描述出咖啡风味	10分	
思维态度	能发现问题、提出问题、分析问题、解决问题、创新问题	10分	
自评反馈	能够按时按质完成任务；较好地掌握知识点；具有较强的信息分析能力和理解能力；具有较为全面严谨的思维能力	10分	
自评分数			
总结与反思			

拓展知识

咖啡风味物质类型及特点

咖啡生豆的香气物质约有300种。但这仅仅是一部分，因为咖啡豆在每个阶段的香气物质以及数量都不同。比如在烘焙过程中产生的香气物质约有上千种。但这些香气大多数属于不溶于水的香气，无法被萃取出来，也就有了这样一种说法：闻咖啡，远比喝咖啡香得多。所以真正能在杯中闻到的香气屈指可数，真正被使用于咖啡产业里的风味有36种，也被称为“咖啡36味”。

咖啡36味是参考葡萄酒行业的“红酒54味”设计而成，把常喝到的咖啡风味分为4组，每组9种味道。四大群组中，形容因为处理不当而生成的风味称之为“香气污点群组”，另外三组根据分子量的大小进行分类，分别是：低分子量的“酶化群组”、中分子量的“焦糖化群组”、高分子量的“干馏群组”。

1. 酶化群组

酶化群组的风味与咖啡产地直接相关，也与地理条件、气候条件、栽种品质、加工方式等相关。这组风味直接决定所喝到的咖啡是优质舒适的活泼酸质，还是令人无法接受的尖酸。

名称	分类	典型香味	香味特点描述
酶化群组	花香韵	茶玫瑰味	红花的香气，在冲煮时比研磨时明显，阿拉比卡比罗布斯塔的味道更明显
		咖啡花味	白花的香气，类似茉莉花的香气
	果香韵	柠檬味	咖啡中的柠檬香气，是一种清新、高雅、活泼的味道，这类风味常常出现在非洲咖啡豆中（如埃塞俄比亚）
		杏桃味	通常在生豆最新鲜的时候烘焙才能喝到的香气，拥有这种风味的咖啡会获得比较高的酸质评价
		苹果味	优质的香气，常见于中美洲以及哥伦比亚咖啡豆中
	草本植物韵	豌豆味	出现在生豆或者烘焙不到位的咖啡豆中，如果咖啡出现这个味道，通常要检查烘焙时的温度
		黄瓜味	并非主调风味，不会太明显与强烈，但会增加咖啡风味的复杂性
		马铃薯味	生豆感染导致。有这种味道的咖啡豆，很难从生豆外观辨别，只能通过喝来辨别

2. 焦糖化群组

焦糖化群组是烘焙时产生的风味。其直接影响的是咖啡的甜度。相对以酸为主体的酶化群组以及以苦为主体的干馏群组，焦糖化群组是绝大部分人都能接受的咖啡风味，一般人熟悉的“咖啡香”大部分都是在焦糖化群组里的味道。

名称	分类	典型香味	香味特点描述
焦糖化群组	焦糖韵	焦糖味	一种时常能闻到的香气。当咖啡中含有充足且优质的碳水化合物与蛋白质，并且通过好的烘焙技术进行烘焙后，就能产生明显的焦糖香气
		鲜奶油味	通常具有奶油味的咖啡，整体口感温和圆润
	坚果韵	烤杏仁味	味道比烤榛果更加厚实，有浓浓的甜香味，会大幅提升感受咖啡甜味的程度
		烤榛果味	味道比烤杏仁味轻盈很多，让咖啡的香气带有某种程度的甜味
		胡桃味	常以“尾韵”形式存在，指喝完一口咖啡后，嘴巴里残留的香气
	巧克力韵	巧克力味	咖啡里的巧克力味通常具有主调性，其他坚果韵的香气会包覆在这个主要风味的周围
		吐司味	吐司的味道稍纵即逝，是一种平时很难体验到但真实存在的味道。这个风味能让咖啡整体变得更加协调
		香草味	咖啡里普遍存在的味道。香草味有平衡所有风味的作用

3. 干馏群组

干馏群组是化学热解时产生的风味。干馏群组是所有风味群组中分子量最大、挥发性最弱的群组，通常让咖啡变得苦而香气浓郁。

名称	分类	典型香味	香味特点描述
干馏群组	辛香料韵	胡椒味	一般出现在深度烘焙的咖啡豆中，带有些许的辣感。通过在品尝过程中，会被炭烧味吸引，而掩盖了胡椒味的存在
		丁香味	会让咖啡喝起来更有层次感
		香菜籽味	通常是在咖啡豆开封的瞬间存在，但非常短暂
	树脂韵	雪松味	夏威夷科纳咖啡中最常见的风味之一，非常迷人
		黑醋栗味	闻起来像原木家具的味道，跟莓果味大相径庭。因为是形容黑醋栗灌木与叶子的味道，而不是形容黑醋栗果实的味道
		枫糖味	这种枫糖味并不是焦糖化群组的那种焦糖甜香，而是类似蜂蜜的花粉味。因为分子量较大，所以在咖啡里不太容易闻到
	热解化韵	麦芽味	类似威士忌和精酿啤酒中的麦芽味，像是泡过橡木桶的麦芽酒体的味道
		烟草味	烟草味不等于香烟味，也不是烟熏味，更接近雪茄的味道
		烘焙咖啡味	就像是进入一家咖啡馆闻到的那种咖啡味，它是咖啡的一种标志性味道。感受到咖啡的浓郁香醇

4. 香气污点群组

香气污点群组，也被称为“瑕疵组”。

名称	分类	典型香味	香味特点描述
香气污点群组	酵素韵	咖啡果肉味	很容易辨认的味道，常出现在通过日晒法处理的咖啡豆中，过度的话就会变成令人不悦的发酵味
		印度香米味	出现在烘焙前段的味道，不易察觉
		药味	在酵素韵中最不想见到的味道，主要是生豆发霉导致。如果喝到了药味，往往就要检查咖啡豆的储存环境
	土韵	泥土味	很容易联想到下雨前潮湿土地的味道，这个味道跟咖啡果实晒干的方式有关。如果没有将果实干燥好，就会让生豆带有泥土味
		稻草味	如果对咖啡豆进行干燥处理时，没有频繁翻动，或者湿度较高，就容易带有稻草味
		皮革味	这种味道的产生与干燥过程有关
	酚韵	烟熏味	这种味道的产生跟烘焙时排风的顺畅度有关
		烤牛肉味	这种味道常常与深可可的味道混合在一起，出现在深度烘焙的咖啡豆中
		橡胶味	烘焙失败的咖啡豆中，常出现这种味道

项目七
葡萄酒服务与品鉴

项目描述

葡萄酒各具特色，要形容每款葡萄酒独特的风味是一项奥妙和精细的艺术。不同的国家和不同的时代都有一套用来形容葡萄酒的味道与特质，我们在品鉴葡萄酒时，通常用什么思路和方法来品酒，用什么词汇来描述葡萄酒的风味或口感，都将在下面的学习中找到答案。

学习目标

❶ **知识目标**

（1）描述葡萄酒侍酒工具及功能。

（2）阐述葡萄酒侍酒服务流程与标准。

（3）阐述葡萄酒品鉴的主要步骤。

❷ **能力目标**

（1）能够识别葡萄酒酒杯类型和特点。

（2）能够独立掌握葡萄酒侍酒服务流程与标准。

（3）能够独立掌握葡萄酒品鉴的方法及步骤。

❸ **思政目标**

（1）培养独立分析与思考的能力。

（2）培养独立实践能力、人际沟通等职业能力。

项目分析

❶ **重点**

（1）葡萄酒侍酒服务流程与标准。

（2）葡萄酒品鉴的方法及步骤。

❷ **难点**

红葡萄酒侍酒服务流程与标准。

项目内容

葡萄酒服务与品鉴

- 葡萄酒服务
- 葡萄酒品鉴

任务1 葡萄酒服务

任务导入

在某些高级餐厅，你是否遇到过这样打扮的人：身穿黑色燕尾礼服，打着黑色领结，外套里面扎着黑色围裙，脖子上挂一只银制试酒碟（或者别一枚葡萄串形状金色胸针），温文尔雅为客人服务。没错，这就是侍酒师。侍酒师礼仪也成为想要成为侍酒师以及对葡萄酒有着好品味的人追求的涵养。

知识链接

何为侍酒？侍酒是西式餐饮服务中重要的一环，正式的西式餐厅中常有专职的侍酒师负责葡萄酒的侍酒服务，正确的侍酒不仅让葡萄酒表现应有的风格，甚至可以提升原有的价值和品质。侍酒礼仪是一门很讲究、很精细的学问，对如何开瓶、如何倒酒、如何选杯、如何持杯和如何敬酒等方面都有严格的要求。掌握正确的侍酒礼仪不仅有助于提高品酒的享受，还可以向他人展示出一种优雅自在的风度，赢得观众的齐声喝彩。

一、葡萄酒侍酒工具

在进行葡萄酒侍酒服务时，需要借助各种侍酒工具来完成侍酒服务，熟练使用侍酒工具是成为一名合格侍酒师的基础。常见侍酒工具如表7-1所示。

表7-1　葡萄酒侍酒工具

名称	解释	图片
开瓶器	用来开启葡萄酒的工具，常见的开瓶器有蝶形开瓶器、兔耳开瓶器、海马刀开瓶器等	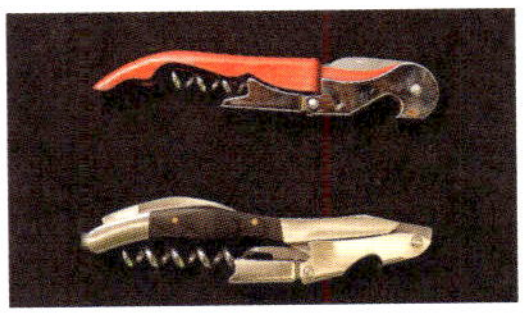
酒巾	酒巾（侍酒布）是侍酒服务时配备的餐巾，酒巾可折叠成长方形，用于擦拭瓶口和斟酒后瓶口残留的酒液，或者擦拭从冰酒桶中拿出的白葡萄酒瓶身外的冰水	

续表

名称	解释	图片
冰桶（冰桶架）	冰桶常常在服务起泡酒、白葡萄酒和桃红葡萄酒的时候使用。其功能是桶中加入冰水混合物，在侍酒服务的过程中使葡萄酒快速降温达到最佳饮用温度	
醒酒器	又称为滗酒器，它是一种通过扩大葡萄酒与空气接触面，让酒的香气充分发挥，并让酒里的沉淀物分离的玻璃或者水晶器皿。醒酒器一般用于红葡萄酒的醒酒与滗酒	
葡萄酒酒单	能为客人快速了解葡萄酒的基本信息，为客人选择葡萄酒提供帮助	
酒塞碟	用于盛放缩帽、酒塞等小件物品，方便客人鉴别	

二、葡萄酒酒杯

葡萄酒酒杯按照使用功能的不同进行分类，可以分为香槟杯、白葡萄酒杯、红葡萄酒杯、甜酒杯和ISO国际标准葡萄酒品酒杯，如表7-2所示。

表7-2　常见葡萄酒酒杯

名称	解释	图片
香槟杯	容量较小，按形态可分为碟形香槟杯与郁金香杯，摆放平稳的狭长杯形能帮助气泡稳定而缓慢地上升，同时也让香槟的香气有效地集中	
白葡萄酒杯	容量较小，在200～500毫升，杯肚和杯口都较小，可以让新鲜的果味保持更久且减少酒体和空气接触，保持低温状态，体现白葡萄酒特有的风格	
红葡萄酒杯	波尔多杯：是典型的红葡萄酒杯，杯身长且杯壁呈弧形，酒杯拥有较大的肚子可以增大表面的接触空气，帮助氧化。较窄的杯口可以将酒香聚集在杯口 勃艮第杯：杯体比波尔多杯宽，杯身比波尔多杯较短，直径更大一点，杯壁逐渐收缩，有利于更好地凝聚香气。适合饮用类似黑皮诺这样的果香馥郁的葡萄酒	
甜酒杯	一般是为酒精度较高或者甜度较高的酒类准备的（波特酒、雪莉酒），狭窄的收口能更好地收束香气，降低酒精的影响。这类酒杯通常体形较小，方便饮用者控制量	

续表

名称	解释	图片
ISO国际标准葡萄酒品酒杯	1974年，国际标准化组织设计了一款适合品赏所有种类葡萄酒的酒杯，被称为“ISO国际标准葡萄酒品酒杯”。这种杯子无色、无花纹、无装饰，便于观察葡萄酒的颜色；细长的杯茎方便旋转酒杯可避免因手握杯壁而使酒温升高；较深的杯身可确保旋转酒杯时酒液不会溅出，也为酒香留下对流的空间；收窄的杯口有利于聚集酒香，并可将酒液导入舌面的最佳位置	

三、葡萄酒侍酒服务流程与标准

在餐厅酒吧中，顾客常点整瓶葡萄酒。凡顾客点用整瓶酒品，在开启之前都应让顾客过目；开瓶后由主人先品尝酒味，这已经成为酒品服务中重要的礼仪规范。这种验酒程序一是表示对顾客尊重；二是核实一下是否有错误；三是证明酒品质量的可靠性。

当顾客点起泡葡萄酒、白葡萄酒、红葡萄酒、甜葡萄酒，侍酒师需要将标签面向顾客，经顾客认可后，置于冰桶内，放在点酒顾客右侧以供饮用。红葡萄酒可放置在美观别致的酒篮中。因其陈年较久，常会有沉淀物，故不要上下摇动。陈年红葡萄酒要经过滗酒处理，滗酒时容器温度应与酒液温度相同。然后，将酒篮平放在客人右侧以供饮用。

（一）起泡葡萄酒侍酒服务规范要求

工具：起泡葡萄酒、冰酒桶、侍酒巾、香槟杯（笛型）、葡萄酒酒单、西餐桌、西餐椅。

起泡葡萄酒侍酒服务规范要求如表7-3所示。

表7-3　起泡葡萄酒侍酒服务规范要求

步骤（Steps）	标准（Standards）	提示（Tips）
点酒	●呈递葡萄酒酒单 ●向客人介绍葡萄酒 ●记录客人点单	●打开葡萄酒酒单第一页，从客人右侧呈递给客人 ●记录完客人点单后，一定要再次和客人确认一遍信息，避免记录错误
准备冰酒桶	●冰桶内先放入1/3冰块 ●再加入1/2水 ●将一条叠成条状的酒巾横放在冰桶上，将冰桶放在餐桌旁	●把起泡葡萄酒放入冰桶后，冰水不溢出且酒瓶不随意晃动
展示酒	●右手持酒，将酒标向外朝向客人 ●站在客人右侧向客人展示起泡葡萄酒 ●得到客人确认后回到工作台	●介绍起泡葡萄酒的产国、产区、年份、葡萄品种、酒庄等

续表

步骤（Steps）	标准（Standards）	提示（Tips）
开酒	● 用手撕下锡纸，从瓶上取下锡纸封盖 ● 顺时针旋转铁丝圈，松动铁丝圈 ● 将酒巾盖在瓶塞上，用一只手握住酒巾和瓶塞。另一只手小心扭动瓶子，让瓶内压力把瓶塞顶出，切记开酒时勿将瓶口对准客人 ● 将瓶塞放在展示盘中向客人展示	● 开酒时站在客人目光可见的位置，便于客人看到开酒过程
试酒	● 向主人的酒杯中倒入约30毫升起泡葡萄酒请其品尝	● 如果不是主人试酒，而是主人指定某一位客人试酒，则请客人试酒，然后服务
起泡葡萄酒服务	● 得到主人确认后，从主人右侧按顺时针方向倒酒，注意起泡葡萄酒应斟倒至杯子的2/3处 ● 如果有客人不喝酒，应及时撤掉客人的酒杯 ● 服务结束后将酒瓶放回冰桶，酒巾横放在冰酒桶上	● 按照西方习俗一般是女士优先、年长者优先、先宾后主
续杯	● 客人杯中酒水不足时应及时进行续杯 ● 从冰酒桶中拿出酒瓶时，使用酒巾擦拭瓶身，以免水滴到客人及衣物	● 续杯前，需要先同客人确认

（二）白葡萄酒侍酒服务规范要求

工具：白葡萄酒、开瓶器、冰酒桶、侍酒巾、白葡萄酒杯、葡萄酒酒单、小碟子、西餐桌、西餐椅。

白葡萄酒侍酒服务规范要求如表7-4所示。

表7-4　白葡萄酒侍酒服务规范要求

步骤（Steps）	标准（Standards）	提示（Tips）
点酒	● 呈递葡萄酒酒单 ● 向客人介绍葡萄酒 ● 记录客人点单	● 打开葡萄酒酒单第一页，从客人右侧呈递给客人 ● 记录完客人点单后，一定要再次和客人确认一遍信息，避免记录错误
准备冰酒桶	● 冰桶内先放入1/3冰块 ● 再加入1/2水 ● 将一条叠成条状的酒巾横放在冰桶上，将冰桶放在餐桌旁	● 把白葡萄酒放入冰桶后，冰水不溢出且酒瓶不随意晃动
展示酒	● 右手持酒，将酒标向外朝向客人 ● 站在客人右侧向客人展示白葡萄酒 ● 得到客人确认后回到工作台	● 介绍白葡萄酒的产国、产区、年份、葡萄品种、酒庄等

续表

步骤（Steps）	标准（Standards）	提示（Tips）
开酒	●打开酒刀，左手扶住瓶颈，右手持酒刀沿着离瓶口约1.5厘米处的凸沿下方把瓶口处锡箔纸割开，取下锡箔 ●收起酒刀，使用干净的酒巾擦拭瓶口 ●将开瓶器的酒钻插在橡木塞的中点位置，旋转进入，保持方向垂直 ●打开开瓶器的杠杆并卡在瓶口处，左手抓紧杠杆和瓶口，右手用力提起酒钻，拔出约4/5木塞后，用右手捏住木塞轻轻摇动拔出 ●将木塞从酒钻中扭出，检查木塞气味，然后将木塞放入展示碟中，放在主人右侧，供主人检查 ●再次用酒巾擦拭瓶口	●三刀将锡箔纸割开 ●锡箔纸以及碎片要放在小碟子内，保持桌面干净
试酒	●向主人的酒杯中倒入约30毫升白葡萄酒请其品尝	●如果不是主人试酒，而是主人指定某一位客人试酒，则请客人试酒，然后服务
白葡萄酒服务	●得到主人确认后，从主人右侧按顺时针方向倒酒，注意白葡萄酒应斟倒至杯子的1/3处 ●如果有客人不喝酒，应及时撤掉客人的酒杯 ●服务结束后将酒瓶放回冰桶，酒巾横放在冰酒桶上	●按照西方习俗一般是女士优先、年长者优先、先宾后主
续杯	●客人杯中酒水不足时应及时进行续杯 ●从冰酒桶中拿出酒瓶时，使用酒巾擦拭瓶身，以免水滴到客人及衣物	●续杯前，需要先同客人确认

（三）红葡萄酒侍酒服务规范要求

工具：红葡萄酒、开瓶器、侍酒巾、醒酒器、红葡萄酒杯、葡萄酒酒单、小碟子、西餐桌、西餐椅。

红葡萄酒侍酒服务规范要求如表7-5所示。

表7-5　红葡萄酒侍酒服务规范要求

步骤（Steps）	标准（Standards）	提示（Tips）
点酒	●呈递葡萄酒酒单 ●向客人介绍葡萄酒 ●记录客人点单	●打开葡萄酒酒单第一页，从客人右侧呈递给客人 ●记录完客人点单后，一定要再次和客人确认一遍信息，避免记录错误
展示酒	●右手持酒，将酒标向外朝向客人 ●站在客人右侧向客人展示红葡萄酒 ●得到客人确认后回到工作台	●介绍红葡萄酒的产国、产区、年份、葡萄品种、酒庄等

续表

步骤（Steps）	标准（Standards）	提示（Tips）
开酒	●打开酒刀，左手扶住瓶颈，右手持酒刀沿着离瓶口约1.5厘米处的凸沿下方把瓶口处锡箔纸割开，取下锡箔 ●收起酒刀，使用干净的酒巾擦拭瓶口 ●将开瓶器的酒钻插在橡木塞的中点位置，旋转进入，保持方向垂直 ●打开开瓶器的杠杆并卡在瓶口处，左手抓紧杠杆和瓶口，右手用力提起酒钻，拔出约4/5木塞后，用右手捏住木塞轻轻摇动拔出 ●将木塞从酒钻中扭出，检查木塞气味，然后将木塞放入展示碟中，放在主人右侧，供主人检查 ●再次用酒巾擦拭瓶口	●三刀将锡箔纸割开 ●锡箔纸以及碎片要放在小碟子内，保持桌面干净
试酒	●向主人的酒杯中倒入约30毫升红葡萄酒请其品尝	●如果不是主人试酒，而是主人指定某一位客人试酒，则请客人试酒，然后服务
醒酒	●从酒柜或酒窖中取出红葡萄酒，放入红酒篮中，不要直立和摇晃 ●准备好醒酒器和蜡烛。点燃蜡烛，在蜡烛上方将红葡萄酒倒入醒酒器 ●将倒完的红葡萄酒空瓶放在主人身旁，酒标朝向客人	●点蜡烛灭火柴时要微微转身，防止烟味飘向客人 ●在倒酒过程中如果发现瓶颈处有沉淀物靠近，立刻停止斟倒，防止沉淀物进入醒酒器
红葡萄酒服务	●得到主人确认后，从主人右侧按顺时针方向倒酒，注意红葡萄酒应斟倒至杯子的1/3处 ●如果有客人不喝酒，应及时撤掉客人的酒杯 ●服务结束后将酒瓶放回冰桶，酒巾横放在冰酒桶上	●按照西方习俗一般是女士优先、年长者优先、先宾后主
续杯	●客人杯中酒水不足时应及时进行续杯	●续杯前，需要先同客人确认

（四）甜葡萄酒侍酒服务规范要求

工具：甜葡萄酒、开瓶器、冰酒桶、侍酒巾、甜酒杯、葡萄酒酒单、小碟子、西餐桌、西餐椅。

甜葡萄酒侍酒服务规范要求如表7-6所示。

表7-6　甜葡萄酒侍酒服务规范要求

步骤（Steps）	标准（Standards）	提示（Tips）
点酒	●呈递葡萄酒酒单 ●向客人介绍葡萄酒 ●记录客人点单	●打开葡萄酒酒单第一页，从客人右侧呈递给客人 ●记录完客人点单后，一定要再次和客人确认一遍信息，避免记录错误

续表

步骤（Steps）	标准（Standards）	提示（Tips）
准备冰酒桶	●冰桶内先放入1/3冰块 ●再加入1/2水 ●将一条叠成条状的酒巾横放在冰桶上，将冰桶放在餐桌旁	●把甜葡萄酒放入冰桶后，冰水不溢出且酒瓶不随意晃动
展示酒	●右手持酒，将酒标向外朝向客人 ●站在客人右侧向客人展示甜葡萄酒 ●得到客人确认后回到工作台	●介绍甜葡萄酒的产国、产区、年份、葡萄品种、酒庄等
开酒	●打开酒刀，左手扶住瓶颈，右手持酒刀沿着离瓶口约1.5厘米处的凸沿下方把瓶口处锡箔纸割开，取下锡箔 ●收起酒刀，使用干净的酒巾擦拭瓶口 ●将开瓶器的酒钻插在橡木塞的中点位置，旋转进入，保持方向垂直 ●打开开瓶器的杠杆并卡在瓶口处，左手抓紧杠杆和瓶口，右手用力提起酒钻，拔出约4/5木塞后，用右手捏住木塞轻轻摇动拔出 ●将木塞从酒钻中扭出，检查木塞气味，然后将木塞放入展示碟中，放在主人右侧，供主人检查 ●再次用酒巾擦拭瓶口	●三刀将锡箔纸割开 ●锡箔纸以及碎片要放在小碟子内，保持桌面干净
试酒	●向主人的酒杯中倒入约30毫升甜葡萄酒请其品尝	●如果不是主人试酒，而是主人指定某一位客人试酒，则请客人试酒，然后服务
甜葡萄酒服务	●得到主人确认后，从主人右侧按顺时针方向倒酒，注意甜葡萄酒应斟倒至杯子的1/3处 ●如果有客人不喝酒，应及时撤掉客人的酒杯 ●服务结束后将酒瓶放回冰桶，酒巾横放在冰酒桶上	●按照西方习俗一般是女士优先、年长者优先、先宾后主
续杯	●客人杯中酒水不足时应及时进行续杯 ●从冰酒桶中拿出酒瓶时，使用酒巾擦拭瓶身，以免水滴到客人及衣物	●续杯前，需要先同客人确认

自学检测

请扫描二维码检测任务学习情况。

任务实训

<table>
<tr><td rowspan="2">任务名称：葡萄酒服务</td><td>姓名：</td><td>日期：</td></tr>
<tr><td>班级：</td><td>学号：</td></tr>
<tr><td colspan="3">任务描述：
学习者通过学习葡萄酒侍酒服务的流程和标准，熟悉葡萄酒侍酒服务流程和要领，为葡萄酒服务的实践课程打下扎实的理论基础。</td></tr>
<tr><td colspan="3">任务清单：
请根据所学内容，以小组为单位，完成以下任务。</td></tr>
<tr><td colspan="3">1. 列举葡萄酒侍酒工具名称及用途。</td></tr>
<tr><td colspan="3"></td></tr>
<tr><td colspan="3">2. 描述葡萄酒酒杯主要种类及特点。</td></tr>
<tr><td colspan="3"></td></tr>
<tr><td colspan="3">3. 描述你如何品鉴一瓶陈年红葡萄酒。</td></tr>
<tr><td colspan="3"></td></tr>
<tr><td colspan="3">4. 写出起泡葡萄酒侍酒服务主要步骤及标准。</td></tr>
<tr><td colspan="3"></td></tr>
<tr><td colspan="3">5. 请录制一段红葡萄酒侍酒服务流程的视频。</td></tr>
<tr><td colspan="3"></td></tr>
</table>

评价反馈

评价指标	评价内容	分数	分数评定
信息检索	能有效利用网络、图书资源查找有用的相关信息等；能将查到的信息有效地传递到学习中	10分	
感知课堂生活	熟悉葡萄酒侍酒服务流程及标准，认同工作价值；在学习中能获得满足感	10分	
参与态度	积极主动与教师、同学交流，相互尊重、理解、平等；与教师、同学之间能够保持多向、丰富、适宜的信息交流	10分	
	能处理好合作学习和独立思考的关系，做到有效学习；能提出有意义的问题或能发表个人见解	10分	
知识获得	描述葡萄酒侍酒服务工具和酒杯的分类及特点	20分	
	能够独立掌握葡萄酒侍酒服务流程与标准	20分	
思维态度	能发现问题、提出问题、分析问题、解决问题、创新问题	10分	
自评反馈	按时按质完成任务；较好地掌握知识点；具有较强的信息分析能力和理解能力；具有较为全面严谨的思维能力并能做到条理清晰	10分	
自评分数			
总结与反思			

拓展知识

正确的温度，酒具的选择和细心的服务

1\. 正确的侍酒温度

温度对葡萄酒的饮用体验有着很大的影响，各种葡萄酒适饮温度总范围为6～18℃，起泡葡萄酒侍酒温度为6～12℃，甜葡萄酒侍酒温度为8～12℃，白葡萄酒侍酒温度为10～13℃，清淡型红葡萄酒侍酒温度为10～13℃，浓烈型红葡萄酒侍酒温度为15～18℃，不

同风格的葡萄酒对应不同的适饮温度。在适饮温度下，葡萄酒能展现出它的特点以及最好的一面，带给品酒者更多的享受与乐趣。

2. 如何打开葡萄酒瓶子

开瓶器小刀将外层胶囊切到瓶颈曲线以下的位置。如注意力不集中会导致胶囊的锋利金属割伤手指。取出胶囊后，用布或吸水纸清洁瓶颈。然后，将开瓶器的螺旋钻完全从软木塞的中心向下插入，始终保持垂直。最后，轻轻取出软木塞。

3. 葡萄酒醒酒

多数葡萄酒可以直接饮用，但还有其他一些老酒需要醒酒。将老酒倒入醒酒器或玻璃容器中，可以通过这两种方式改善对葡萄酒的感知：首先，它消除了最终的软木塞残留物或其他类型的残留物；其次，它允许氧化作用，从而使香气挥发并表达更好的方式。对于陈年葡萄酒，醒酒使葡萄酒充满活力。醒酒1～2小时后，它变得更加光滑和圆润。但是不要过早地倒出葡萄酒，因为它会失去新鲜感和活力。醒酒时容器必须干净。建议在使用前先用少许酒冲洗干净。这消除了清洁过程中的化学香气或可能产生的封闭气味。然后打开软木塞的瓶子，将酒慢慢倒入容器中。

4. 如何在不滴落桌子上的情况下饮用葡萄酒

将酒倒入玻璃杯的中央，当所倒入酒杯的酒量达到要求，身体稍稍远离，然后轻微旋转瓶底，使最后的小滴保留在瓶内，快速收瓶，避免滴酒。这个技巧需要一些实践来完善，熟能生巧需要一段时间的磨炼，倒酒而滴酒不漏就变得轻而易举了。同时也要备块白布在手里，随时用白布清洁瓶子。

5. 倒多少酒合适

倒酒时，瓶口与杯口距离约2厘米为宜。通常，为了方便晃杯和闻香，红葡萄酒倒至酒杯的1/3处为佳，白葡萄酒与桃红葡萄酒则倒至酒杯的1/2处；香槟或其他起泡葡萄酒最好倒至酒杯的3/4处，以更好地观赏酒液中渐升渐欢的气泡。倒酒后，不宜让瓶口的残留酒液滴流而下，可以快速旋转酒瓶并使之直立，也可借助倒酒片等辅助工具。

6. 品酒时的实用礼仪

品酒时，一般手持杯柱或杯座。这样可以保持杯壁的清晰洁净，以便更好地鉴赏酒色，还可以避免手掌的温度影响葡萄酒温度，而且也方便摇杯。

敬酒时要目视对方，手中的酒杯不宜高过视线，最好杯身比对方略低，以示尊重；被敬酒的一方则应微笑接受，礼貌道谢。

葡萄酒杯杯口与杯壁较薄，碰杯时要避免大力碰撞导致酒杯碎裂或杯中酒液溅出。碰杯时要文雅舒缓，倾斜酒杯，用杯肚轻轻相碰。

任务2 葡萄酒品鉴

任务导入

“品”和“鉴”实则为两个动作，“品”在于认识葡萄酒，通过感官了解它的面貌、性格和内涵，然后得出是不是你喜欢的类型，是对葡萄酒的一种感性的认知。葡萄酒的“品”，按照观色、闻香、品味和总结四个步骤进行品鉴，我们称其为“品酒四部曲”。

知识链接

葡萄酒是一项技术与耐心的产物，汇聚了很多人的劳动心血，尤其是一瓶优质的葡萄酒，更是需要足够配得上它的品鉴者，有能力将隐藏在葡萄酒中的信息传递、表达出来，并将这份乐趣分享给他人。所以，品鉴就是一个解密葡萄酒信息并将其转译成品尝语言的过程。如果只是为了喝酒，那是为了肉体上的满足；而品鉴则需要更多的智慧和能力。因此，懂得品鉴可以从饮酒中获得更多的乐趣，而无须喝更多的酒。

一、认识你的舌头

人们对气味和味道的敏感程度及辨别能力存在差异。就一个人的舌头而言，不同部位对不同味道的敏感度也有区别。一般而言：舌尖处对甜味敏感，舌头中部对咸味敏感，舌头两侧对酸味敏感，舌根处对苦味敏感。葡萄酒中的单宁，则主要体现为牙龈的“收敛感”，日常进食或品酒时，应留意舌头每个部位对何种味道敏感，有助于进行专业的葡萄酒品鉴。

二、葡萄酒品鉴环境要求

1. 光线

理想的葡萄酒品鉴光线既不能太暗，也不能在带有颜色的灯光下，因为这样会影响人们对酒体颜色的判断。正确的品鉴光线，可以选择在自然光下或者是白色灯光下进行。

2. 背景

白色，可以使用桌布、卡纸等，白色的背景能够更好地观察葡萄酒的颜色。

3. 气味

无清洁用品、香烟、食物、香水等气味，避免对葡萄酒的芳香产生干扰，如果口腔中有残留的味道，可以通过咀嚼面包来去除。

4. 声音

在品鉴的过程中，不能有声音的干扰。比如说音乐，特别是音量较大的摇滚音乐或是建筑工地嘈杂的敲击声、马路上汽车的鸣笛声等，这些都会影响我们对葡萄酒的最终评价。

5. 空间要求

在品鉴葡萄酒时，还需要准备足够的空间以便放置品酒笔录、酒杯和吐酒桶等。

三、葡萄酒品鉴用具

葡萄酒品鉴用具如表7-7所示。

表7-7　葡萄酒品鉴用具

名称	解释	图片
葡萄酒	不同的葡萄酒，需要不同的存储温度	
品鉴台	用于品鉴，白色为主	
ISO品酒杯	干净无异味。洁净且合适的酒杯才能准确观颜色、闻气味	
酒巾/餐巾纸	擦拭嘴巴或者酒杯	

续表

名称	解释	图片
吐酒桶	品鉴时，吐酒使用	
矿泉水	品鉴时，漱口使用	

四、葡萄酒品鉴步骤

首先，要了解品鉴的顺序，如果有起泡葡萄酒的话，要最先品鉴起泡葡萄酒。然后，按照先白后红、酒体先轻后重、先干后甜的规律。确定品鉴顺序之后，端起酒杯，按照观色、闻香、品味和总结四个步骤进行品鉴。

（一）观色

葡萄酒的颜色来自葡萄果皮。同一品种的葡萄，因为产地、酿造工艺和陈年的不同，呈现出来的颜色也是有区别的。将酒杯举到白纸或其他白色背景上，然后倾斜约45°，仔细观察酒液的澄清度、酒液中心的颜色、边缘的色泽，以及颜色的深浅程度。根据葡萄酒的颜色，除了进行最基本的红葡萄酒、桃红葡萄酒或白葡萄酒类型的判断，还可以初步推断葡萄酒的年龄和状态。在盲品中，也能为判断葡萄品种提供线索。首先，要观察葡萄酒中有无肉眼可见的沉淀或杂质。一般来说，储存状态良好的年轻葡萄酒是澄清无沉淀的。其次，观察颜色。对于白葡萄酒而言，颜色越接近明亮的白绿色越年轻，越接近深邃的金黄色越老。对于红葡萄酒而言，颜色越鲜亮（紫红色、宝石红）越年轻，颜色越暗淡（石榴红、砖红色）越老。

（二）闻香

闻葡萄酒时，先判断是否有异味，如湿纸板味或者霉味等，如果没有，就接着感受葡萄酒的香气，记录下快速闻香获得的感受，再轻轻沿着一个方向摇杯，使葡萄酒的香气进一步释放，评价其香气的浓郁程度，感受不同层次的气息。然后判断闻到的香气，是水果香、花朵香、辛香料香味、橡木桶香还是其他香？一般越年轻的葡萄酒，会闻到更多的水果香和花朵香的味道，越陈年的葡萄酒，会闻到类似辛香料香味和烘焙的香气，这是因为橡木桶陈年带来的香气。以下是关于香气的介绍。

①一类香气：指的是葡萄本身自带的香气和酒精发酵过程中产生的香气，主要表现为各种新鲜的果香、花香和草本香气。红葡萄酒分为红色水果和黑色水果两大类群，白葡萄酒的果香分为柑橘类水果、绿色水果、核果和热带水果四大类群。白葡萄酒的果香更容易受到产区气候的影响。

②二类香气：葡萄酒在完成酒精发酵后的酿造过程中产生的香气主要来自橡木桶本身的香气，以及苹果酸-乳酸发酵和酒泥陈酿带来的香气，苹果酸-乳酸发酵能把尖锐的苹果酸转化成柔和的乳酸，降低酒液的酸度，让口感更加柔顺圆润，还能带来黄油、奶油等香气。葡萄酒陈年过程中，酒液和酒泥保持接触，这些酒泥主要是死亡的酵母细胞，这种工艺主要应用于白葡萄酒和起泡葡萄酒，能够给葡萄酒带来烘烤、面包和饼干等风味，还可以增添酒液的质感和复杂度。橡木桶是葡萄酒酿造中最常见的容器之一，可以给葡萄酒带来香草、丁香、巧克力、烟熏等香气，不过橡木桶的尺寸、烘烤程度、新旧程度不同，带来葡萄酒的香气也不同。

③三类香气：是在葡萄酒陈年的过程中发展出来的，在陈年过程中，酒液中原有的芳香化合物会进一步转化，一些一类香气、二类香气会逐渐转变成三类香气，比如成熟的果香会变成更成熟的果干、果酱香气。主要与橡木桶和氧气有关，在橡木桶中陈年的葡萄酒通常会接触到微量的氧气，使原有的果味变得更成熟还会发展出烤花生、烤杏仁、核桃和焦糖等氧化型香气。

（三）品味

喝一口葡萄酒（15~30毫升），让酒液充分接触整个口腔，并能灵活地在口腔中流动。以更好地感受其酒体、酸度、甜度、风味和余味等。品尝红葡萄酒的时候还需要注意感受单宁。然后用嘴吸入少量空气，用空气搅动口中的酒液。由于口腔后部与鼻腔相通，因此嗅觉也能继续感受香气，而且可能进一步发觉仅靠鼻子无法察觉的香气。通过以下方面进行品味。

①甜：通常首先在舌尖处感受到甜味，葡萄酒因所含糖分不同，主要分为干型、半干型、半甜型、甜型。

②酸：沿舌两侧和脸颊内侧可以感受到酸味，酸对于葡萄酒来说十分重要，当葡萄酒酸度太低时，它通常被描述为“松弛”或“扁平”，并且被认为缺乏结构，使得葡萄酒十分“寡淡”。

③单宁：单宁单体（儿茶素）能与口腔内皮肤和唾液中的蛋白质反应而引起涩感，让舌面、牙龈、上颚等部位产生聚拢收缩的感觉，产生葡萄酒的结构力度，能够支撑葡萄酒的骨架（通常白葡萄酒不考虑单宁）。

④酒精：葡萄酒对酒精的要求是：嗅闻不能冲鼻子，入口不能太灼热，酒精味不能盖过其他的味道。酒精的甜润感能够平衡酸、单宁，让口味显得均衡。酒精还能加强葡萄酒的酒

体并促进酒中香气的散发等。

⑤香气：集中注意力感受口中香气的浓郁度和香气类型。

⑥结构：常用于描述葡萄酒结构的词有：圆润饱满、肥硕丰满、纤细瘦弱、完整或松散等。

⑦余味：葡萄酒在咽下或吐出之后，风味感受在口腔中的余存就是余味，余味主要的评价指标就是时间的长短。通常情况下余味越长，葡萄酒越高级。

酒液在口腔中停留的时间一般在6秒左右，对甜、酸、单宁、酒精，除了要感受它们的强度，更重要的是要体验他们在口腔中表现得是否平衡、和谐等，每种味道都有得到充分表现，但也不会过分突出。

（四）总结

品鉴者需要对葡萄酒的综合品质进行描述。最后判别葡萄酒整体各个感受是否平衡。平衡就是味道、甜度、酸度、酒体、酒精、单宁和长度。称一款酒平衡是指这几部分都能被感受到且不会出现哪一个部分过于突出。它均衡并存，在没有任何食物的配搭下，酒体经过舌头时，没有哪个元素突出或明显地打扰味蕾，它们和谐完美地经过品鉴者的感受。针对一款酒的平衡度、余味长度、浓郁度和复杂度给出一个综合性的评价。要想熟练掌握品鉴技巧，准确描述和判断葡萄酒品质，除丰富的理论知识外，大量的练习也必不可少。上百款乃至上千款葡萄酒的品鉴经历，是锻炼优秀品鉴能力必需的经验积累。

自学检测

请扫描二维码检测任务学习情况。

任务实训

<table>
<tr><td rowspan="2">任务名称：葡萄酒品鉴</td><td>姓名：</td><td>日期：</td></tr>
<tr><td>班级：</td><td>学号：</td></tr>
<tr><td colspan="3">任务描述：
学习者通过学习葡萄酒的品鉴方法。熟悉葡萄酒品鉴的标准和过程，为葡萄酒品鉴的实践课程打下扎实的理论基础。</td></tr>
<tr><td colspan="3">任务清单：
请根据所学内容，以小组为单位，完成以下任务。</td></tr>
<tr><td colspan="3">1. 列举葡萄酒品鉴用具。</td></tr>
<tr><td colspan="3"></td></tr>
</table>

续表

2. 为什么专业品酒时都配有一个小桶？
3. 什么是醒酒？所有葡萄酒都需要醒酒吗？
4. 简述葡萄酒品鉴环境要求。
5. 描述葡萄酒品鉴的主要步骤。

评价反馈

评价指标	评价内容	分数	分数评定
信息检索	能有效利用网络、图书资源查找有用的相关信息等；能将查到的信息有效地传递到学习中	10分	
感知课堂生活	熟悉葡萄酒品鉴的主要步骤，认同工作价值；在学习中能获得满足感	10分	
参与态度	积极主动与教师、同学交流，相互尊重、理解、平等；与教师、同学之间能够保持多向、丰富、适宜的信息交流	10分	
	能处理好合作学习和独立思考的关系，做到有效学习；能提出有意义的问题或能发表个人见解	10分	

续表

知识获得	阐述葡萄酒品鉴的主要步骤	20分	
	能够独立掌握葡萄酒品鉴的方法及步骤	20分	
思维态度	能发现问题、提出问题、分析问题、解决问题、创新问题	10分	
自评反馈	按时按质完成任务；较好地掌握知识点；具有较强的信息分析能力和理解能力；具有较为全面严谨的思维能力并能做到条理清晰	10分	
自评分数			
总结与反思			

拓展知识

葡萄酒品鉴的要点

1. 葡萄酒的酒体

葡萄酒的酒体可以分为：“轻盈”“中等”和“饱满”。轻酒体：酸度高，单宁低，酒精度低；重酒体：酸度低，单宁高，酒精度高，以一杯白开水和一杯牛奶为例，葡萄酒的口感如果越接近水，酒体就越轻，口感越接近牛奶，酒体就越饱满。气候凉爽的地区，如智利、奥地利、德国等生产的葡萄酒酒体通常更轻盈；而气候炎热的地区，如阿根廷、澳大利亚等生产的葡萄酒酒体则更饱满。

2. 葡萄酒的单宁

单宁也叫单宁酸，是一种天然酚类物质，广泛存在于植物种子、叶子中，橡木、茶叶、坚果以及葡萄中。葡萄酒中的单宁主要来自葡萄皮和籽。葡萄酒的单宁强度：白葡萄酒<桃红葡萄酒<红葡萄酒。关于单宁的形容词：丝滑的（Silky）：划过口腔几乎无任何痕迹可循；圆润的（Rounded）：柔顺的，完美融合的；天鹅绒般的（Velvety）：质地柔滑，比丝滑更具存在感；有咀嚼感（Chewy）：口腔里能感受到一股沉重的力；抓力感强（Grippy）：口腔两侧能感到明显收紧的抓力。

3. 葡萄酒的甜度

甜度指葡萄酒中残留的糖分的含量。干型葡萄酒：每升含糖量小于4克；半干型葡萄酒：每升含糖量4～12克；半甜型葡萄酒：每升含糖量12～50克；甜型葡萄酒：每升含糖量50克以上。

4. 葡萄酒的酸度

葡萄酒中最主要的酸是酒石酸，在红葡萄酒和白葡萄酒中均存在，与红葡萄酒相比，白葡萄酒中的酸更为显著。酸度的重要性：一杯没有酸度的白葡萄酒平淡无奇、毫无活力；一杯没有酸度的红葡萄酒风味简单、没有结构感；一杯没有酸度的甜葡萄酒或甜或腻，与糖水何异？

酸度与葡萄酒：白葡萄酒的酸度一般在3.1～3.5，红葡萄酒的酸度一般在3.5～4，大部分新世界产区，如新西兰、南非、智利和美国等，所出产的红葡萄酒酸度相对较低；冷凉产区，如法国、意大利和德国等，所出产的白葡萄酒则具有极佳的酸度，十分清新。

5. 葡萄酒的酒精度

酒精还会直接影响葡萄酒的质感与口感。从质感上来说，高含量的酒精会让酒液更加厚重浓密，而低含量的酒精会使酒液更加纤薄清淡；从口感上来说，当我们在喝葡萄酒时，舌根和喉咙处感受到的灼热感就是酒精带来的。灼热感越明显，说明酒精度就越高。酒精度过高或过低都会影响葡萄酒结构的平衡。

此外，葡萄酒中的酒精度高低还和酒体息息相关。酒体轻盈的葡萄酒，酒精度一般不超过12.5°；酒体中等的葡萄酒，酒精度通常在12.5°～13.5°；酒体饱满的葡萄酒，酒精度通常在13.5°及以上。

项目八

蒸馏酒服务与品鉴

项目描述

蒸馏酒是指以谷物、水果和农产品等为原料，经过发酵、蒸馏后制成，酒精度在24°及以上的酒精饮料。蒸馏酒的品种很多，主要分为七大类，由于在酿制过程中使用了许多不同的原料，以及生产工艺的差异，蒸馏酒的口感、饮用与服务的方式也丰富多彩。

学习目标

❶ 知识目标

（1）记忆七大蒸馏酒的出品标准。

（2）陈述蒸馏酒的鉴别步骤。

（3）解释蒸馏酒饮用的不同方式。

❷ 能力目标

（1）能够按照餐桌礼仪规范自己。

（2）具备服务各类蒸馏酒的能力。

（3）掌握蒸馏酒出品的注意事项。

❸ 思政目标

（1）培养学生良好的职业道德修养。

（2）弘扬中国酒文化，培养学生的餐桌礼仪。

项目分析

❶ 重点

蒸馏酒的出品标准。

❷ 难点

各类蒸馏酒的鉴别。

项目内容

蒸馏酒服务与品鉴

- 蒸馏酒服务
- 蒸馏酒品鉴

任务1 蒸馏酒服务

任务导入

你喝酒吗？喜欢喝什么酒？我们国家自古以来就有非常深厚的酒文化，也不只是中国，全世界没有哪个民族不爱喝酒的，从各国的电影里，也感受到酒文化的不同。酒，是整个民族共情的文化，每一代人都有自己喝酒娱乐的方式。但不是要鼓励大家喝酒，关于喝酒，大家一定是小酌就好，微醺胜买醉，下面让我们来了解一下世界各国蒸馏酒的饮用与服务方式。

知识链接

一、中国白酒的饮用与服务

（1）酒杯与分量酒杯　可用利口酒杯、古典杯、高脚酒杯、陶瓷酒杯等。饮用白酒时每杯标准用量为25毫升。

（2）饮用方法　中国白酒一般作为佐餐酒，纯饮为宜，常温饮用，但在北方严冬季节，可温烫。东南亚一带习惯将白酒冰镇后饮用。采用小口高脚杯时，宜用捧斟，以免沾湿桌面。中国白酒可以作为调制中式鸡尾酒的基酒，如用茅台酒调制的“中国马天尼”（Chinese Martini），用洋河大曲调制的“梦幻洋河”（Yanghe Dream），用五粮液调制成的“遍地是金”（All around is Gold）等鸡尾酒。

二、中国白酒的饮用礼节

（1）斟酒　主人家为表对来宾的尊敬，通常亲自为其斟酒。在饮酒之前，应先斟酒于酒杯中。宾客为了表示对主人家的谢意，应该端起酒杯对主人家的斟酒表示感谢，还需要站起或者欠身低头。在中餐宴会上还可以用“叩指礼”来回敬，具体方法如下：将右手中指、食指、拇指捏在一起，三个手指的指尖朝下，在桌面上轻轻敲几下。

斟酒的注意事项：第一，不应该挑挑拣拣地斟酒，应该一视同仁。第二，可以从自己位置开始，按照顺时针顺序斟酒，或者从宴请之人当中尊贵的宾客开始斟酒。第三，斟酒所倒的量应该适量，并且除主人和侍者之外，不应该由其他宾客为他人倒酒。

（2）敬酒　也就是祝酒。主人家在正式的宴会上，因为某种原因向宾客提议饮酒。在祝酒的同时，向宾客讲一些祝福的话。

（3）干杯　在饮酒的时候，劝对方喝完杯中之酒，或者劝对方和自己同时喝完酒，并且在干杯后，应该喝完手中所持有之酒。干杯者之间有时互相对碰酒杯，这又叫碰杯，在宴会的主人家号召大家干杯之后应该站立手持酒杯，不能饮酒之人也应该拿酒杯装作喝酒的样子。手举酒杯到眼镜的位置，口中说着“干杯”，一口气喝完酒杯中之酒，也可喝一半或者适量。最后，拿着酒杯和对方相看一眼，干杯到此稍告一段落。

三、白兰地的饮用与服务

比较讲究的白兰地饮用方法是净饮，选用白兰地杯，另外用水杯配一杯冰水，喝时用手掌握住白兰地杯壁，让手掌的温度经过酒杯稍微暖和一下白兰地，让其香味挥发。容量224毫升的白兰地杯中只倒入30毫升，边闻边喝，才能真正享受饮用白兰地酒的奥妙，冰水的作用是：每喝完一小口白兰地，喝一口冰水，能使下一口白兰地的味道更香醇。英国人喝白兰地喜欢加水，中国人多喜欢加冰，这是指喝普通的白兰地。对于陈年上佳的干邑白兰地来说，加水、加冰会浪费几十年的陈化时间，丢失香甜浓醇的味道。白兰地也可以与其他软饮料混合在一起喝，例如，白兰地加可乐，其具体做法是：用一个柯林杯，放半杯冰块，将30毫升白兰地、168毫升可乐放入杯中，用酒吧匙搅拌一下。

四、威士忌的饮用与服务

威士忌酒精度为40°～43°。其饮用方法灵活多样，除可直接饮用外，还可用汽水、冰或其他饮料冲淡，混合苏打水等，也可加绿茶、切碎的柠檬片等果品作为饮料（在西欧及日本盛行的饮用方法）。优质的威士忌加水稀释后，香型不变，澄清透明。

不同的饮用方法所适用的载杯也不相同，净饮、加冰时通常使用古典杯，这种宽大而不深的平底杯，更利于苏格兰威士忌粗犷豪迈风格的表现。混合各种汽水（如苏打水等）饮用时，则适用柯林杯加入大约30毫升威士忌及适量汽水和冰块。

五、金酒的饮用与服务

荷式金酒主要用于纯饮，伦敦干金酒广泛用于调制鸡尾酒。净饮时，先将30毫升的金酒加少量冰块搅匀，滤入鸡尾酒杯，加一片柠檬；加冰饮用时，则在古典杯中加冰块和30毫升金酒，加一片柠檬；也可选用柯林杯等，与苏打水、汤力水等混合饮用。

六、伏特加的饮用与服务

伏特加通常以常温服侍，快饮（干杯）是其主要的饮用方式，所以伏特加出品时量不会很大，标准用量为每位客人30毫升（约1盎司），选用容量较小的蒸馏酒杯，也可用利口酒杯替代，加冰饮用时多选用容量大一些的古典杯。伏特加可作佐餐酒或餐后酒，纯饮时，备一杯凉水。

七、朗姆酒的饮用与服务

在生产朗姆酒的国家，人们多喝纯的未加任何调和的朗姆酒。他们认为，朗姆酒的独特风味是要直接品味的。在美国，则更多地用朗姆酒来调制鸡尾酒，很少净饮。因为烧焦的蔗糖有强烈的香味，所以朗姆酒也经常用于在烹饪上制作糕点、糖果、冰激凌以及法式大菜的调味。饮用朗姆酒时，还可加冰、加水、加可乐和加热水。

八、特基拉的饮用与服务

特基拉是墨西哥的国酒，墨西哥人对此情有独钟，饮酒方式也很独特，常用于净饮。桑格丽塔（一种红色辣味汁）、切成小块的绿色柠檬、盐是特基拉的必备“伴侣”，每人还要备两个细高的圆形小酒杯，两个酒杯分别斟满特基拉和桑格丽塔，左手虎口上放一点盐，饮一口特基拉，吮一下柠檬，舔一点盐，再饮一点桑格丽塔。

在招待客人时，墨西哥人还会与客人一起喝交杯酒，以示对客人的真诚和热情。这种传统习俗体现了墨西哥人的深厚友谊和热情好客。此外，特基拉也经常被用作鸡尾酒的基酒，为各种鸡尾酒提供了独特的口感和风味。

自学检测

请扫描二维码检测任务学习情况。

任务实训

<table>
<tr><td rowspan="2">任务名称：蒸馏酒服务</td><td>姓名：</td><td>日期：</td></tr>
<tr><td>班级：</td><td>学号：</td></tr>
<tr><td colspan="3">任务描述：
学习者通过学习蒸馏酒的饮用与服务，深入了解蒸馏酒饮用与服务的重要性，把控好蒸馏酒的出品标准，了解各国蒸馏酒饮用风俗习惯，掌握专业的蒸馏酒服务步骤。为日后学生对蒸馏酒服务的质量的提升打下坚实的基础。</td></tr>
<tr><td colspan="3">任务清单：
请根据所学内容，以小组为单位，完成以下任务。</td></tr>
<tr><td colspan="3">1．蒸馏酒饮用的方法有哪几种？</td></tr>
<tr><td colspan="3"></td></tr>
</table>

续表

2. 蒸馏酒加冰饮用时，常用什么杯子？
3. 龙舌兰酒净饮时为什么要配盐和柠檬？
4. 中国白酒在斟酒时有哪些注意事项？

评价反馈

评价指标	评价内容	分数	分数评定
信息检索	能有效利用网络、图书资源查找有用的相关信息等；能将查到的信息有效地传递到学习中	10分	
感知课堂生活	认同工作价值；在学习中能获得满足感	10分	
参与态度	积极主动与教师、同学交流，相互尊重、理解、平等；与教师、同学之间能够保持多向、丰富、适宜的信息交流	10分	
	能够处理好合作学习和独立思考的关系，做到有效学习；能够提出有意义的问题或能发表个人见解	10分	
知识获得	了解中国白酒的饮用礼节	10分	
	了解蒸馏酒的分类	10分	
	掌握各类蒸馏酒的出品量与服务用杯	10分	
	了解蒸馏酒不同的饮用方式	10分	
思维态度	能发现问题、提出问题、分析问题、解决问题、创新问题	10分	
自评反馈	按时按质完成任务；较好地掌握知识点；具有较强的信息分析能力和理解能力；具有较为全面严谨的思维能力并能做到条理清晰	10分	
自评分数			

续表

总结与反思	

拓展知识

餐桌敬酒礼仪

在餐桌敬酒礼仪中，应遵循顺时针顺序敬酒，同时将自己的酒杯置于低于他人酒杯的位置。这一基本礼仪是对他人的尊重的体现。在敬酒顺序上，如果有领导或长辈在场，应先从他们开始，按顺序逐一敬酒。在领导或长辈相互饮酒完毕后，方可轮到晚辈们向他们敬酒。

请注意，领导和长辈可以一人对多人敬酒，而晚辈们则只能一个一个地敬。不建议一开始就向领导或长辈敬酒，这样会显得有些唐突和不礼貌。在察言观色、添酒和敬酒的时机上，要注意观察领导或长辈的饮酒需求，及时为他们添酒，并按照先领导、后长辈的顺序进行。

在敬酒时，准备合适的祝酒词也是非常重要的。好听的祝酒词能说到领导或长辈的心坎里，让他们眉开眼笑。如果自己的词汇量或表达能力有限，可以事先准备好一些常用的祝酒词，以便在敬酒时能够随机应变，避免举杯时的尴尬场面。

任务2 蒸馏酒品鉴

任务导入

只有品味过优质的滋味，才能真正理解其与劣质滋味之间的巨大差异。对于中国人而言，不懂白酒就如同不了解中国文化的精髓。然而，许多经常喝酒的人也未必真正懂得酒的文化和艺术。世界各国都有其代表性的蒸馏酒，那么这些酒的特色和口感究竟如何？饮酒时有哪些注意事项和礼仪呢？接下来，让我们一起探索蒸馏酒的鉴别之道。

知识链接

一、蒸馏酒的感官鉴定和品评

品鉴各类蒸馏酒需要深入了解各种蒸馏酒的原料、酿造工艺、成分和香气，以及包装和保管等方面的知识。同时，还需要熟悉世界各类著名蒸馏酒品牌的历史和各自特点。

（一）蒸馏酒的感官鉴定

感官鉴定采用记分法对各项指标进行评价，最后根据分数进行全面、正确地评价。其中包括色泽、香气、口味鉴定和酒体鉴定等多个方面。

（1）色泽　将酒倒入无色透明的高脚酒杯中，观察酒液是否清澈透明、无悬浮物和沉淀。

（2）香气　将酒倒入杯中后，通过嗅觉来检验酒的香气。易挥发的呈香物质分散在杯口周围的空气中，名酒和优质酒不仅应有溢香，而且应有较好的喷香和留香。不应有异味、糠味和腐臭味。

（3）口味鉴定　酒的口味应协调、和谐。过甜、过酸、过涩、过辣都会破坏酒的风味质量。

（4）酒体鉴定　也称为风格，通过色、香、味三方面评价酒体。要求色、香、味正常，具有典型性。名优酒要求风格突出，一般酒风格不突出，但不能有异味。酒中某一成分超过平衡要求，酒会出现异常的气味和口味。

（二）蒸馏酒的品评

1. 品评准备

在专业的品酒环境中进行品评，确保环境安静无噪声、空气新鲜无杂香，温度控制在

20～25℃，相对湿度为60%，以便品鉴者处于舒适的环境中并保持专业的品酒心态。此外，准备专业的品鉴道具，如郁金香杯、笔记本等用于记录品酒笔记等。同时配备漱口杯和纯净水以确保品鉴过程中对比样不会受额外影响。

2. 品评方法

观察酒液的色泽、透明度、是否有杂质和挂杯形态；轻嗅其气味并分析酒的各种味道变化情况；品尝酒的滋味并留意余味时间的长短和尾味是否干净；最后辨别风格并对酒的色、香、味进行综合评价。通过不断地做品酒比较可以提升品鉴功力。

二、中国白酒的品鉴

（一）中国白酒的质量要求

中国白酒的质量要求包括感官指标和理化指标两个方面。

（1）感官指标　包括色泽、香气和口味。色泽要求白酒无色透明、清亮无悬浮物和混浊沉淀物。香气要求清香、芳香扑鼻，饮后有余香。口味要求醇厚，不酸、无怪味，无强烈的刺激性。

（2）理化指标　包括酒精度、甲醇、总醛、总酸、总酯、杂醇油、铅和氰化物等。酒精度是衡量白酒酒精含量的指标，应符合各种白酒所规定的含量标准。甲醇是白酒中的有害物质，国家标准中规定，粮食白酒中不得超过0.04克/100毫升，薯干等代用原料不得超过0.12克/100毫升。总醛是白酒中的一种刺激性物质，饮后易头晕，有害健康，一般白酒总醛含量不宜超过0.02克/100毫升（以乙醛计）。总酸是提高酒风味的成分，一般白酒总酸含量为0.06～0.15克/100毫升（以醋酸计）。总酯是白酒中的香味成分，含量在0.02克/100毫升（以乙酸乙酯计）。杂醇油具有苦涩味，过多易引起头晕，一般要求杂醇油含量不能超过0.15克/100毫升（以戊醇计）。铅属于酒中有毒的重金属，白酒中铅含量不能超过1毫克/升。氰化物属于烈性毒物，国家食品卫生标准规定：木薯为原料的白酒中氰化物含量不得超过5毫克/升，代用原料白酒中氰化物含量不得超过2毫克/升。

（二）白酒的识别

（1）失光　酒液失去应有的晶亮光泽，主要由掺水、混入杂质、酒瓶洗涮不净等原因导致。

（2）沉淀　陈年老酒会有一定的沉淀物积于瓶底，这是正常的沉淀现象。然而，新酒发生沉淀可能是由于病害问题。常见的病害沉淀包括白色沉淀、棕色沉淀、蓝色沉淀、黑色沉淀。

（3）浑浊　白酒发生浑浊现象可能是由于病害或温度影响。在低温下，白酒可能会出现絮状物。常见的浑浊包括乳白色浑浊和灰白色浑浊。

（4）变色　白酒发生变色主要有以下几种情况：发黄（生产操作不洁、用含有铁质渣滓的容器盛酒、成品酒感染铁锈、使用橡胶用具提酒、存储时间过长等导致）、棕红（用铁器盛酒导致）、发黑（混入铅物质、原料甘薯病变等导致）、发褐（盛酒容器的血胶溶出所造成的病害，低度酒尤为明显）、发蓝（感染铜锈所致）。

（5）腥臭　酒液腥臭主要是因为生产技术水平低下、用水不当、污染带臭物质、硫化氢、硫醇的含量过高、盛酒器皿血胶溶出、感染细菌等导致。

（6）油味　酒中如果含有少许油脂，便会严重影响其风味。油味污染的原因包括原料问题、与挥发油气的物质共同存放、酒液中油脂氧化后发生油腻味等。

（7）霉变　霉变主要由保管不妥所造成。最容易霉变的是瓶塞瓶盖，潮湿的保管场地尤甚。

（8）苦涩　苦涩味主要起因于原料、生产和操作不当。如原料已经腐烂、过量杂醇油含量、单宁物质残留、用曲或用酒母过多、发酵不完全等。

三、白兰地的品鉴

白兰地的品鉴过程分为三个主要步骤：观察色泽、闻香和品味。

1. 观察色泽

在打开酒瓶并将酒液倒入酒杯后，将酒杯置于与眉同高的位置，用肉眼观察酒液的颜色及澄清度。白兰地酒的颜色应该是赤金黄色、金黄色或浅金黄色。在描述白兰地的外观时，常用的词汇包括：

（1）澄清度　清亮透明、晶莹透明、有光泽、光亮等。

（2）混浊度　略失光、失光、欠透明、微混浊、混浊等。

（3）沉淀　有明显悬浮物、有沉淀等。

2. 闻香

手持酒杯底座，使杯口靠近鼻子，深吸一口气，闻白兰地的香气。优质白兰地通常由优良的葡萄品种酿制而成，其香气首先应体现出葡萄原料的香气。轻轻晃动酒杯以充分散发香气，然后用鼻子进行闻香，加盖并用手握住杯子的腹部2分钟，摇动后再进行闻香。优质白兰地的香气应该是持久而复杂的，具有浓郁的葡萄原料香气、纯正细腻的陈酿橡木香以及在陈酿过程中所产生的醇和的酒香等。不协调的浮香和异香或过重的木质香，都应视为酒的缺陷。描述白兰地香气常用的术语包括：具有和谐的葡萄原料香气、含蓄而优雅的橡木香、陈酿的橡木香、醇和的酒香、优雅浓郁、酒香沉着、酒香和谐、酒香浓郁、酯香柔细、诸香和谐、香气较和谐、香气不协调、浮香过重、有异香、木质香过重等。

3. 品味

将一小口（约2毫升）的酒液含在口中，让舌头及相关部分将酒液温热，使其中的香味更充分地逸出。在口腔内旋转运动，让白兰地与舌头和口腔的各部位充分接触，然后将酒咽下，用心体会并加以描述。描述白兰地口感常用的术语包括：味感醇和、甘洌、沁润而细腻、酒质纯净、口感醇厚、绵延、丰满、酒体完整、溢满口腔、较纯正、无邪杂味、口味淡薄、有邪杂味、苦涩感重等。对于优质白兰地而言，将盛过白兰地的空杯放置，应具有留香长并不失其原香的特点。

四、威士忌的品鉴

（1）在观察酒的色泽时，应握住酒杯的下方杯脚，避免触摸杯壁，以免手指温度对酒产生微妙影响。在灯光下，仔细审视酒的颜色，威士忌的色泽可以包括深琥珀色到浅琥珀色，色泽深浅与威士忌在橡木桶中的存放时间有关，存放时间越长，色泽越深。

（2）观察酒的挂杯现象。将酒杯缓慢倾斜，并注意恢复原状时的动作要轻柔。酒从杯壁流回时留下的痕迹称为挂杯。挂杯长意味着酒的浓度较高，可能是酒精含量也较高。

（3）嗅闻酒的气味，尝试分辨其中是否有烟熏、水果、干果和草本等不同香味。

（4）品尝威士忌时，先尝试一小口，让酒在口齿和舌尖回荡，细细品味其中的香味。然后缓慢咽下，感受不同国家和地区的威士忌之间的差异。例如，加拿大威士忌的色泽棕黄、香气芬芳、口感轻快爽适、酒体丰满，以淡雅的风格著称。

五、金酒的品鉴

（1）观察色泽　判断酒体品质对于金酒来说是非常关键的。除美国金酒之外，绝大多数金酒的酒体都是无色透明的。总体来说，酒液的透明度越高、没有悬浮颗粒的金酒属于质量较好的酒。

（2）嗅闻香气　不同类别的金酒香味是有所不同的。例如，荷兰式金酒的色泽透明清亮，其酒香味非常突出，香料味也很浓重。相比之下，英国式金酒的气味则显得奇异而清香，属于淡雅清香的类型。

（3）品尝味道　先尝一小口，让酒在口齿和舌尖回荡，细细品味各种香味。然后缓缓咽下，感受一下。不同国别的金酒口味是有所不同的。荷兰式金酒的味道辣中带甜，风格独特。而英国式金酒的口感醇美爽适，非常适合作为鸡尾酒调酒的基酒。

六、伏特加的品鉴

（1）观察颜色　酒体应呈无色透明，且酒液的透明度要高，确保没有悬浮的颗粒。

（2）嗅闻香气　将酒杯放在鼻子下方，轻轻吸入杯中散发出的香气。这一步骤被称为“闻”，通过它能够感受伏特加的各种品性，如水果、谷物或香料的香气。高品质伏特加的香味通常会更加柔和，并具有独特的奥妙。

（3）品尝酒液　将杯中的伏特加一饮而尽，并在口中搅拌，让舌头上的每一个味蕾感受不同的味道，感受酒液的流动和纹理。优质的伏特加通常会非常顺滑，不会给人带来烧灼的感觉。

七、朗姆酒的品鉴

（1）在进行品鉴前，请确保准备一只符合传统风格的老式古典杯。将1盎司的朗姆酒倒入杯中，然后以举杯齐眉的方式观察酒的颜色。请注意，不同种类的朗姆酒在色泽上有着显著的区别。例如，淡朗姆酒往往呈现无色，而中性朗姆酒则展现出清淡且酒液呈浅黄色到金黄色的特点。对于深朗姆酒，其酒体色泽偏向金黄或深红，而且优质酒体均清澈，无沉淀物。

（2）将杯子放在鼻子的下方，轻轻感受从杯中散发出的香气。

（3）猛喝一口朗姆酒，让它在口中打转。这样可以让舌头充分感受不同种类的朗姆酒。例如，浓烈朗姆酒通常呈金黄色，其香气和糖蜜香十分浓郁，味道辛而醇厚。相比之下，淡雅朗姆酒则具有更为细致甜润的口感以及芬芳馥郁的酒精香味。

八、特基拉的品鉴

（1）观察色泽　选用一只古典风格的酒杯，倒入1盎司特基拉，将酒杯置于视线平齐的位置，仔细观看酒的颜色。随着陈酿时间的推移，酒体的颜色会从无色逐渐过渡到金黄色，呈现出自然纯净的特质。

（2）嗅闻香气　特基拉具有独特的风味，在品尝前可以深吸一口气，享受其香气所带来的感官体验。

（3）品尝口感　特基拉的口味具有一定的辛辣感，同时又兼具香醇浑厚的口感。在品尝时，可以细细感受其独特的风味和层次。

自学检测

请扫描二维码检测任务学习情况。

任务实训

<table>
<tr><td rowspan="2">任务名称：蒸馏酒品鉴</td><td>姓名：</td><td>日期：</td></tr>
<tr><td>班级：</td><td>学号：</td></tr>
<tr><td colspan="3">任务描述：
学习者通过学习蒸馏酒的品鉴，深入了解蒸馏酒品鉴的重要性，把控好蒸馏酒的品质与鉴别，了解各国蒸馏酒制作工艺，掌握专业的蒸馏酒鉴别的方法。为日后学生对蒸馏酒品质的鉴定与选择打下坚实的基础。</td></tr>
<tr><td colspan="3">任务清单：
请根据所学内容，以小组为单位，完成以下任务。</td></tr>
<tr><td colspan="3">1. 白酒识别中，劣质酒会出现的八个现象是什么？</td></tr>
<tr><td colspan="3"></td></tr>
</table>

续表

2. 品鉴过程分为哪三大步骤?
3. 在品鉴过程中的“观”是如何鉴别?
4. 龙舌兰酒有哪些特点?

评价反馈

评价指标	评价内容	分数	分数评定
信息检索	能有效利用网络、图书资源查找有用的相关信息等；能将查到的信息有效地传递到学习中	10分	
感知课堂生活	认同工作价值；在学习中能获得满足感	10分	
参与态度	积极主动与教师、同学交流，相互尊重、理解、平等；与教师、同学之间能够保持多向、丰富、适宜的信息交流	10分	
	能够处理好合作学习和独立思考的关系，做到有效学习；能够提出有意义的问题或能发表个人见解	10分	
知识获得	掌握蒸馏酒的感观鉴定	20分	
	了解蒸馏酒品鉴的三个主要步骤	20分	
思维态度	能发现问题、提出问题、分析问题、解决问题、创新问题	10分	
自评反馈	按时按质完成任务；较好地掌握知识点；具有较强的信息分析能力和理解能力；具有较为全面严谨的思维能力并能做到条理清晰	10分	
自评分数			

续表

总结与反思	

拓展知识

如何避免买到劣质白酒

喝酒有学问，喝到劣质酒是非常危险的。一杯劣质酒中，有可能含有大量重金属物质。长期饮用对身体不好。而我们在购买酒类产品时，都是需要仔细查看其标签的。但有些商家在出售酒类产品时，并不会注意查看其标签上是否有“酒精”字样。那我们该如何挑选才能避免买到劣质酒呢？

1. 看配料表

在购买酒类产品时，首先要看酒标上有没有酒精字样，若有食用酒精或者食用香料字样，则为劣质酒。因为纯粮酒的原料是五谷和水，另外看到原料是薯类的也是劣质酒。

2. 看产品执行标准（GB/T 20821和GB/T 20822）

这是对配制酒所用的执行标准，也是酒精酒的执行标准。在购买白酒产品时，一定要看产品执行标准，如果是上面这2个执行标准，建议不要购买。如果有执行国家标准是其他的，那就代表产品中不含酒精成分，属于“纯粮固态法白酒”。

3. 看质量标准

在确认选得酒是纯粮酒后，后面就要看它的品质。以酱香酒不同工艺酿出的酱酒为例，最好的为优级（坤沙酒），其次是一级（碎沙酒），然后是二级（翻沙酒），最后是三级（窜沙酒），喝酱酒，最低的是碎沙酒，像翻沙酒、窜沙酒是劣质酒，所以质量等级一级以下的都不要买。

4. 看生产企业地址和联系方式

除看酒标外，我们还要看生产企业地址和联系方式。若是不小心买到了劣质酒，可以通过以下几种方式来查询信息。一是通过企业网站查询，一般情况下都能找到该企业的信息。二是一些酒企网站提供了授权查询服务。三是通过网络搜索和网站查询相结合的方式核实企业信息。

5. 闻酒香

完好的白酒，闻起来十分清香，而且很柔和。一般来说，好酒会带有很浓郁的酱香、浓香。而假酒一般都会带有一些微苦的味道。闻起来很刺鼻。有的酒也会带有一种酸臭味。因为好的白酒是比较淡的。所以如果闻到酒香时还带有酸味的话，就说明这个酒就是不太好的酒。

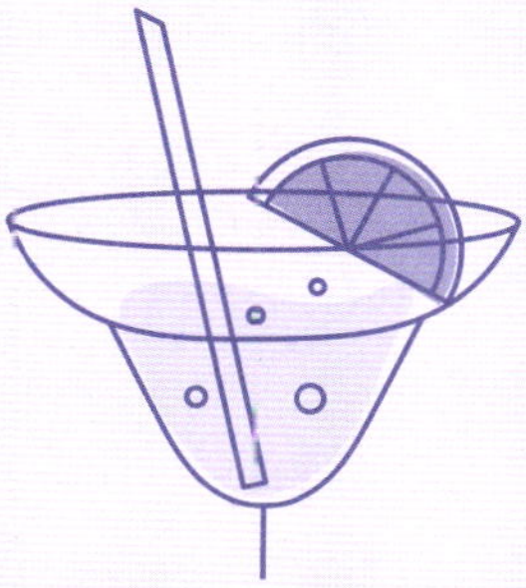

模块四

经营与管理

项目九

室内空间设计

项目描述

在本项目中，将学习酒吧、咖啡馆运营场所市场调研与主题设计、空间布局与设计、经营氛围营造等知识。通过市场调研与分析，突出市场定位和运营场所主题选择的重要性，并围绕主题阐述酒吧、咖啡馆空间设计与布局的方式方法，探讨运营场所经营氛围与文化氛围营造的基本手段。

学习目标

❶ 知识目标

（1）记忆酒吧、咖啡馆市场调研的内容和方法。

（2）解释酒吧、咖啡馆氛围营造的基本要素。

❷ 能力目标

（1）运用调研结果找准酒吧、咖啡馆的市场定位。

（2）设计酒吧、咖啡馆主题及经营氛围。

❸ 思政目标

（1）提高学生的艺术鉴赏与运用能力。

（2）培养学生的观察能力、分析能力。

项目分析

❶ 重点

（1）设计酒吧、咖啡馆经营思路。

（2）确定酒吧、咖啡馆主题和氛围营造。

❷ 难点

设计酒吧、咖啡馆经营思路。

项目内容

- 室内空间设计
  - 酒吧设计
  - 咖啡馆设计

任务1 酒吧设计

任务导入

你是否见过酒吧消费者意见表？在该任务中，你将学习酒吧市场调研与主题设计、酒吧空间设计与布局、酒吧经营氛围营造等知识。探讨酒吧经营氛围与文化氛围营造的基本手段。本任务内容循序渐进、重点突出，通过分析典型案例，力求做到生动形象、新颖有致。

知识链接

酒吧设计

一、酒吧的设计理念

酒吧从侧面来讲代表着一个城市的文化和特点，所以设计酒吧，首先要了解当地酒吧文化。每间酒吧都有自身独特的风格与调性，酒吧的设计风格应个性鲜明、品位独特且丰富多元。“多元化”也是现代酒吧个性风格的新走向，或张扬或古朴，或压抑或奔放，或现代或复古。设计酒吧营造气氛也很重要，灯光是调节气氛的关键，而音乐则是制造氛围的另一个重要元素，同时音乐风格最能突出酒吧的格调。酒吧空间设计应结合自身需求、客户定位、酒水风格等因素进行设计，给人以生动、丰富、轻松雅致又品位俱佳的享受。

二、酒吧市场调研与定位

（一）酒吧市场调研的目的

酒吧市场调研的目的是为即将筹建的酒吧进行具体翔实的市场调研，一方面充分了解市场规律与变化，对竞争对手有全面了解和分析，以此设计自身酒吧的定位；另一方面则是为酒吧开业后的运营模式和营销策略打好扎实的基础。

（二）酒吧市场调研的内容

（1）城市及场所所在区域范围内的经济发展状况。
（2）娱乐业（含迪吧、酒吧、夜总会等）分布及发展状况。
（3）消费群体的总体分布情况和消费习惯。
（4）竞争对手的地理位置和周边环境。
（5）竞争对手的硬件装潢和风格特色。
（6）竞争对手的运营模式和营销策略。

（7）竞争对手的管理结构及人员构成、员工待遇。
（8）竞争对手的服务方式及特色。
（9）竞争对手的酒水价格及种类。
（10）竞争对手的上下客时间段及上座率。

（三）酒吧市场定位

酒吧的市场定位源自酒吧的市场调研，而市场定位将影响酒吧未来的经营。酒吧市场定位的重点是消费者定位和产品定位，这将关系酒吧的装修风格、用料、酒水单的制定、酒水牌的制定、员工的培训、进货出品、经营策略等。

1. 市场定位与装修风格、用料的关系

酒吧的装修风格、用料与它的市场定位关系十分密切。例如，当酒吧的市场定位是走大众化路线时，如果装修风格十分精致且高档，那么这种定位与风格不相符的情况就会给日后的经营带来不少麻烦。

2. 市场定位与制定产品的关系

市场定位与酒吧经营产品的选择有着密切的关系。酒吧的定位既关系酒吧经营产品的选择，又关系产品的正确定价，特别是关系酒水单、餐牌等直接经营用品的制定和选择。

3. 市场定位与员工培训的关系

员工培训关系酒吧的服务水平和标准，不同档次、不同类型的酒吧对员工服务技能要求不一样，越是高档的酒吧，对员工的知识、技能、态度等各方面的要求越高。因此，市场定位会影响员工的服务质量。

4. 市场定位与经营策略的关系

酒吧所有经营策略的制定都是围绕市场定位进行开展，因为不同的市场定位需要有对应的经营策略去配合才能达到目标。如果酒吧没有明确的市场定位，那么所有酒水单、餐牌的设计就会无所适从，服务用品用具的选择、服务员服务规范和标准的制定也就失去了方向，酒吧的经营就可能陷入混乱，任何经营策略都可能无法挽回因此带来的损失。

三、酒吧主题设计

（一）主题酒吧的概念

主题酒吧是指以酒吧所在地最有影响力的地域特征、文化特质为素材，设计、建造、装饰、生产和提供服务的酒吧，其最大特点是赋予酒吧某种主题，并围绕这种主题建设具有全方位差异性的酒吧氛围和经营体系，从而营造出一种无法模仿和复制的独特魅力与个性特征，实现提升酒吧产品质量和品位的目的。

（二）酒吧主题的设计

主题酒吧的出现，标志着酒吧设计理念的一个飞跃、一次跨越，也意味着对传统的、千篇一律的酒吧外观和装潢风格的一次颠覆、一种创新。但是在主题酒吧不断涌现、令世人眼花缭乱之际，我们更需要有一个冷静的、科学的认识和判断。毋庸置疑，投资主题酒吧的根本目的是营利，经营者极力营造独特的文化氛围目的在于形成差异化特色来吸引 客源，创造更高的利润。但需要注意的是若过于注重利润，忽视文化，又会将所经营的酒吧带到恶性竞争的怪圈里去。那么，怎样才能打造一家成功的主题酒吧呢？

1. 确立适合的主题文化是关键

主题酒吧必须通过特色文化来凸显、支撑市场，主题文化一定要有差异性，切忌重复和随大流。因此，寻找特色文化、挖掘特色文化、设计特色文化、制作主题产品和服务，是酒吧管理者最重要、最具体、最花心思和精力的大事。在确立主题之前，不能忽视所选择的主题文化与当地的环境是否相协调。

2. 重视主题化的功能需求

酒吧的功能性需求，是人们的基本需求。为功能性酒吧附加一个主题，创造出一个独特的概念，首先在宣传营销上会有别于一般的酒吧，为领先酒吧的发展提供了文化基础。但一个成功的主题酒吧不仅仅是创造出一个概念那么简单，要使主题名副其实，乃至让主题串联一个产业，形成超附加值，则要深入研究酒吧的区位、文化底蕴、市场需求、投资成本、企业文化等因素，使酒吧的主题真正融入区域文化环境之中、酒吧投资企业文化之中及感官体验之中。

3. 强化主题酒吧的市场营销策略

主题酒吧有效地解决了酒吧同质化竞争的问题，不同的主题酒吧具备不同的文化内涵，可满足不同需求的客源群。主题酒吧的市场营销目的在于推出和强化主题品牌及其内涵概念。主题酒吧应集中力量发挥本酒吧各种资源的综合优势，积极主动地宣传本酒吧的独特文化氛围，获得特定客户群的认知感，并加强复购率，形成自身的运营模式和优势文化，令同行酒吧难以抄袭和模仿，从而使本酒吧的文化主题具有较长时期的稳定性，并逐步形成品牌。当然所说的特定客户群，不是绝对化地排斥其他客源，而是在以主题吸引主要客源的同时，适当拓展若干个其他细分市场。

4. 酒吧设计注重诠释主题元素

主题酒吧的设计，关键是主题的确定。在主题确定后，再确定建筑形态，如城堡形、碉楼形，还是帆船形、塔形等。然后是内部装饰的确定，主要在细节上见真功夫，如在吧台、舞台、酒具、音乐、装修，乃至卫生间等细节都注重主题元素的融入。

四、酒吧空间结构

酒吧是客人休闲、娱乐和聚会小酌的场所。从空间结构上看，酒吧通常分为三个主要部分，一是客用区，即客人休息、饮酒的区域；二是酒水出品区，即吧台区域；三是吧台贮藏区，主要用于酒水饮料、服务用品的贮藏。

五、酒吧空间布局与设计

（一）空间布局

一个较大的酒吧空间可利用天花板的升降、地坪的高差，以及围栏、列柱、隔断等进行多次元的空间分割。在设计酒吧空间时，设计者要分析和解决复杂的空间矛盾，从而有条理地组织空间，酒吧空间应生动、丰富，给人以轻松舒适又极具雅致的感觉。

（二）吧台设计

吧台是酒吧空间的一道亮丽风景。吧台用料可以是大理石、花岗岩、木材等，并与不锈钢、钛金等材料协调搭配，因其空间大小与性质的不同，形成风格各异的吧台风貌。从造型看有一字形、半圆形、方形等，吧台的形状视空间的性质而定，视建筑的风格而定。酒吧的吧台是其区别于其他休闲场所的一个重要环节，它令人感到亲切和温馨，潜意识里传达着平等的观念。与吧台配套的椅子大多采用高脚凳，尤其以旋转的椅子为多，它给人以全方位的自由，让人情绪放松。

（三）灯光设计

灯光是设计时不可忽视的问题，灯光是否具有美感是设计成败的因素之一。环境的优美能直接影响人们的心情，这就不得不在采光方式上动足心思了。采用何种灯型、光度、色系，以及灯光的数量，达到何种效果，都是很精细的问题。灯光往往有个渐变的过程，在亮处看暗处，在暗处看亮处，不同角度看吧台上同一只花瓶获得的感官愉悦都不尽相同。灯光设置的学问在于横看成岭侧成峰，让人感觉到变幻和难以捕捉的美。

（四）壁饰设计

壁饰是酒吧氛围的构成因素，如果酒吧氛围是暖调的，则可用壁饰局部的冷调来协调整个空间的格局，它同时增加了表达内容。采用多幅或大幅装饰壁画，充填墙体，既反映了特定的环境，又满足了人们不同的欣赏需求，从而刺激消费。利用室内绿化可形成或调整空间，而且能使各部分既保持各自的功能作用又不失整体空间的开敞性和完整性。

（五）个性化设计

个性的风格是酒吧设计的灵魂，就像人类的思想。酒吧的设计风格应个性鲜明，如以海底世界为主题，它在色彩、形状、质感上临摹着海给人的气息。主题鲜明的酒吧设计有力地宣扬了个性化的风格，达到了强化顾客印象、争取顾客好感的目的。酒吧设计是用个人的观点去接近大众的品位，用独到的见解来感染大众的审美，它追求个性的发挥，期待群体的认可，崇尚独立的风格，渴望周围的欣赏。它以设计的手段来表达思维的活跃，月理性的技术来阐述感性的情绪。

六、酒吧经营氛围营造

（一）酒吧氛围

氛围是指一定环境中给人某种强烈感觉的精神表现或景象。酒吧的氛围就是指酒吧的顾客所面对的环境。酒吧氛围应包括四大部分：酒吧的色彩和灯光、酒吧的结构设计与装饰、酒吧的音乐、酒吧的服务活动。

（二）营造酒吧氛围的方法

营造酒吧氛围的主要目的和作用在于影响消费者的心境。优良的酒吧氛围能给顾客留下深刻而美好的印象，从而激发消费者的消费动机和消费行为。

酒吧氛围的营造是酒吧吸引目标市场的有效手段。酒吧氛围设计既要考虑消费者的共性，又要考虑目标客人的个性。针对目标市场特点进行氛围设计，是占有目标市场的重要条件。

酒吧室内装饰分为两种类型：一种是满足实用功能所必需的设计，如家具、窗户、灯具；另一种是用来满足精神方面需要而起到装饰作用的艺术品，如壁画、盆景、工艺美术品等装饰。

1. 酒吧的装饰

首先，要突出主题，正确把握局部与整体的和谐统一。酒吧装修是一次性投入，装修时不但要考虑成本，而且应考虑长期经营和短期经营的规划。此外，在装修酒吧时，还要因地制宜，结合现有条件和环境，合理安排水电供应并保证安全。其次，装饰与陈设是营造酒吧气氛最直接、最有效的手段。不同的酒吧空间，其装修风格与室内陈设应具有不同的气氛和艺术感染力。在营造酒吧氛围时，酒吧的定位应该在装饰与陈设中有非常明晰地体现。良好的配色可以创造出给人以美感的色彩环境和富有诗意的氛围，在酒吧环境的色彩设计中，应该有鲜明、丰富、和谐统一的氛围。此外，装饰品和容器等色彩的作用也不容忽视，因为色彩能对味觉产生影响，如柠檬黄给人酸酸的感觉，粉红色使人产生甜甜的感觉，深绿色或蓝色使人产生清凉的感觉。掌握这些色彩理论，就可以利用不同的色彩来刺激酒吧消费品的销售，获得更好的经营效果。

2. 酒吧的灯光与氛围

光线也是酒吧设计装修时应考虑的重要因素之一，因为光线系统能够决定酒吧的气氛和情调，酒吧使用的光线种类很多，常见的有白炽光、烛光、荧光、彩光等，不同的光源可以为酒吧制造出不同的效果。不同性质的环境需要不同的光线设计，以适应人在不同环境中的行为特点及心理需求。如吧台内操作区的灯光应比其他区域的要明亮些，既便于调酒师工作，也便于吸引客人，酒吧的门面或吧台的霓虹灯可以吸引过往行人的注意，特别需要注意的是，酒吧的全部灯具均应是亮度可调的灯具。昏暗的光线会增加顾客的消费时间，而明亮的光线则会缩短顾客的消费时间。所以，酒吧的氛围能影响顾客的逗留时间，也能调整客流量及酒吧的消费环境。

自学检测

请扫描二维码检测任务学习情况。

任务实训

<table>
<tr><td rowspan="2">任务名称：酒吧设计</td><td>姓名：</td><td>日期：</td></tr>
<tr><td>班级：</td><td>学号：</td></tr>
<tr><td colspan="3">任务描述：
学习者通过市场调研与分析，掌握市场定位和酒吧主题选择的知识，并围绕主题阐述酒吧空间设计与布局的方式方法，探讨酒吧经营氛围与文化氛围营造的基本手段。</td></tr>
<tr><td colspan="3">任务清单：
请根据所学内容，以小组为单位，完成以下任务。</td></tr>
<tr><td colspan="3">1. 简述主题酒吧的概念。</td></tr>
<tr><td colspan="3"></td></tr>
<tr><td colspan="3">2. 想要打造一家成功的主题酒吧需要满足哪四大基本条件？</td></tr>
<tr><td colspan="3"></td></tr>
<tr><td colspan="3">3. 酒吧空间设计通常需要考虑哪些基本原则？</td></tr>
<tr><td colspan="3"></td></tr>
<tr><td colspan="3">4. 如果你要开一家酒吧，应该如何展开市场调研？</td></tr>
<tr><td colspan="3"></td></tr>
</table>

评价反馈

评价指标	评价内容	分数	分数评定
信息检索	能有效利用网络、图书资源查找有用的相关信息等；能将查到的信息有效地传递到学习中	10分	
感知课堂生活	认同工作价值；在学习中能获得满足感	10分	
参与态度	积极主动与教师、同学交流，相互尊重、理解、平等；与教师、同学之间能够保持多向、丰富、适宜的信息交流	10分	
	能处理好合作学习和独立思考的关系，做到有效学习；能提出有意义的问题或能发表个人见解	10分	
知识获得	了解酒吧市场调研目的及内容	10分	
	掌握酒吧主题的设计方法	10分	
	熟悉酒吧空间布局与设计的内容	10分	
	明确营造酒吧氛围的方法	10分	
思维态度	能发现问题、提出问题、分析问题、解决问题、创新问题	10分	
自评反馈	按时按质完成任务；较好地掌握知识点；具有较强的信息分析能力和理解能力；具有较为全面严谨的思维能力并能做到条理清晰	10分	
自评分数			
总结与反思			

拓展知识

酒吧空间设计原则

空间设计是酒吧设计的最根本内容。结构和材料构成空间，采光和照明展示空间，装饰为空间增色。在经营中，以空间容纳人，以空间布置感染人，这是由既要满足物质要求，又要满足精神要求和建筑本质特性所决定的。因此，酒吧内部空间的设计需全方位考虑周全。

1. 不同空间产生不同感受

不同空间能产生不同的精神感受。在考虑和选择空间时，就要把空间的功能、使用要求和精神感受统一起来。同样一个空间，采用不同的处理方法也会给人不同的感受。在空间设计中经常采用一些行之有效的方法，以达到改变室内空间的效果。比如，一个过高的空间可以通过镜面的安装、吊灯的使用，使空间在感觉上变得亲切；一个低矮的空间，可以通过增加线条，使人在视觉上感觉舒适、开阔，并无压抑感。

2. 不同形式体现不同风格

不同的空间形式具有不同的风格和气氛。例如，方、圆、八角等严谨规整的几何形式空间，给人端庄、平稳、肃静、庄重的气氛；不规则的空间形式给人随意、自然、流畅、无拘无束的气氛；相对封闭式空间给人内向、安定、隔世、宁静的气氛；敞开式空间给人自由、流通、爽朗的气氛；高耸的空间，使人感到崇高、肃穆、神秘；低矮的空间，使人感到温暖、亲切、富有人情味。经营者应该根据酒吧的定位选择合适的空间形式。

3. 定位不同设计不同

在考虑酒吧空间设计的所有因素中，最关键的问题是必须针对酒吧经营的特点、经营的中心意图及目标客人的特点来进行设计。

针对高层次、高消费的客人而设计的高雅型酒吧，其空间设计就应以方形为主要结构，采用宽敞及高耸的空间。在座位设计时，也应以尽量宽敞为原则，以服务面积除以座位数，衡量人均占有空间，高雅、豪华型的人均占有面积应达2.6平方米。

针对寻求刺激、发泄、兴奋为目的的客人而设计的酒吧，应特别注重其舞池位置和大小，并将其列为空间布置的重点要素。

针对以谈话、聚会、约会为目的的客人而设计的温馨型酒吧，其空间设计应类似圆形或弧形，同时体现随意性为原则，天棚低矮、人均占有空间较小些，但要使每桌的空间有相对独立的感觉，椅背设计可稍微高些。

任务2 咖啡馆设计

任务导入

咖啡馆设计，简单来说还取决于咖啡馆建筑平面分布，不同地理位置的咖啡馆设计方式不同，可选设计风格不同，咖啡馆从设计上可分为：简约风咖啡馆、工业风咖啡馆、复古风咖啡馆、美式风咖啡馆等；从选址上可分为：商场咖啡馆、半开放式咖啡馆、单体咖啡馆、街店咖啡馆、跃层式咖啡馆、高层式咖啡馆等；从经营模式上可分为：自营式咖啡馆、连锁式咖啡馆、加盟式咖啡馆、品牌咖啡馆等。如何根据不同类型风格，帮助经营者找到适合的咖啡馆室内设计方案呢？

知识链接

咖啡馆设计

一、咖啡馆的选址

基于咖啡馆是一个对客流量有极大需求的经营场所，咖啡馆的选址至关重要，几乎是决定商家生存的关键。关于位置的选择主要考虑以下要素：地段、人流量、楼层、空间和其他因素等。其他因素包括但不限于如是否位于死角处、拐角处，是否有立柱等。

筹备店面之前，需要进行“最佳店址选择”考察工作，其中一项最重要的工作就是测算分析有效人流量。专业的选址公司的做法是安排专业人员持着秒表到目标场所测算人流量，并进行目标询问，这对普通投资者而言虽然有一定操作难度，但在选址附近做大致的人流量考察和必要的针对性询问还是十分必需的。

二、咖啡馆的店面设计

优秀的店面风格设计，不仅赋予咖啡馆极强的生命力，而且更重要的是给消费者留下深刻的独家印象，与优秀的咖啡出品互相呼应，起到招徕顾客、扩大销售、提升客户体验感的重要作用。

进行店面设计的前提条件是掌握行业前沿资讯、地段区域咖啡消费习惯和竞争者信息。具备了开店的前提条件后，再着手店面的设计，包括店铺外观，店头、店内利用色、形、声等方面的设计，风格越明显，越容易引人注目。

（一）店面设计

显而易见，店门的作用是吸引消费者的视线，使其产生兴趣，激发起想要进去看一看的念头。然而从哪进去，如何进去，则需要正确的导入环节，或者趣味性或者简洁明了，根据自身咖啡馆的设计理念用各自的方式告诉顾客，使顾客清楚且乐于接受。

那么在如此重要的店门设计这一块，该如何设计才能达到最佳影响呢？根据市场调查分析，到底是将店门安放在店铺中间位置，还是店铺左边或右边位置，这要根据店面设计风格来决定，同时兼顾客流量流入情况而定，一般店门的位置开在客流量大的区域。

一般大型咖啡馆大门可以安置在中央，小型咖啡馆的进出部位安置在中央不够妥当，因为店铺面积狭小，店门置于中间会直接影响店内实际使用面积和顾客的自由流通，小咖啡馆的进出门，一般建议设置在店铺左侧或右侧，相对较为合理。

（二）招牌设计

招牌设计也是咖啡馆设计的重要之处，一个好的咖啡馆招牌可以将店面风格展示得淋漓尽致，更让人印象深刻。招牌设计基本遵循以下几个原则，招牌设计标志显眼，在色块、字体、线条等方面需与店面风格一致。

在繁华的商业区里，消费者首先映入眼帘的是大大小小、各式各样的商店招牌，因此具有高度概括力和强烈风格吸引力的咖啡馆招牌，可刺激顾客的视觉，进而激发顾客的购买欲。

咖啡馆招牌设计，除注意在形式、用料、构图、造型、色彩等方面给消费者以良好的心理感受外，还应在命名方面多下功夫，力求言简意赅、清新不俗、易读、易记、富有美感和设计感，尤其是独立小咖啡馆，更是凸显主理人本身的咖啡态度和风格，赋予招牌生命力，使之具有较强的吸引力，促进消费者的思维活动，达到理想的心理要求。

三、咖啡馆的空间设计

咖啡馆最具体的综合表现就是整个的营业空间，至于如何合理有效地使整个咖啡馆空间能够具有活力又不失去个性是一个很重要的方面。咖啡馆的空间设计涉及运营模式、咖啡桌椅装饰、灯光、色彩及声乐等方面。经营者需将这些方面与咖啡馆风格有机地结合起来，使其浑然一体，才能够对顾客心理产生积极影响，进而与顾客达成情感共鸣。

（一）咖啡馆灯光效果

一般商店的霓虹灯是用光效果最佳的代表。咖啡馆的灯光并不太钟情于霓虹灯，而是选择符合设计风格色调的大色块灯光。灯光的用途首先是营造氛围，通过用不同色块和强度的灯光划分不同属性区域，以此来吸引不同需求的顾客，在喜欢的光影下品尝咖啡。

总的来说，灯光的总亮度要低于周围，以避免过强的刺激性，同时显示咖啡馆的特性，使咖啡馆形成悠闲轻松的环境。

淡黄色的灯光会营造温馨、暖意的咖啡馆；暗色块的灯光会营造个性、私密的氛围；彩色灯光有利于打造拍照区等顾客体验区。但总的来说，过于暗淡的光线反而不利于顾客品尝咖啡。

（二）色彩和声音的设计

色彩原本就具有振奋、安抚人心的作用，咖啡馆可以利用色彩的原理，来制造吸引顾客的效果。例如，有一些和周围环境成对比的色彩，或是较温馨、柔和的颜色，便可以让顾客产生好奇心，甚至因此而刺激顾客在咖啡馆流连忘返。色彩使用得当，可以突出气氛。

在暗淡颜色的背景上配以明快的色调，可以使人更加注意到陈列的咖啡；还可以在中间色调的背景上摆放冷色或暖色的饮料，也会起到良好的衬托效果。如果采用彩色灯光照射，灯光色彩与咖啡本身色彩有良好的搭配，可以充分显示咖啡的特点，并吸引顾客注意。

（三）咖啡馆气氛的营造

消费者品尝咖啡之际，不仅对于咖啡在物理性及实质上的吸引力有所反应，而且对于整个环境，诸如服务、广告、印象、包装、乐趣及其他各种附带因素等也会有所反应。而其中最重要的因素之一就是休闲环境。如果再缩小范围，就是指咖啡馆内的气氛，对消费者是否决定品尝咖啡能够产生影响。

自学检测

请扫描二维码检测任务学习情况。

任务实训

任务名称：咖啡馆设计	姓名：	日期：
	班级：	学号：
任务描述： 学习者通过学习咖啡馆设计，能够准确地选址咖啡馆，并对咖啡馆的店面及空间设计进一步了解，为日后进入相关岗位打下坚实的理论基础。		
任务清单： 请根据所学内容，以小组为单位，完成以下任务。		
1. 如果你要开一家咖啡馆，应该如何选址呢？		
2. 调研本市的5家咖啡馆，并对其店面设计及空间设计进行评价。		
3. 请对你要开的这家咖啡馆进行店面及空间设计。		
4. 请列出要开一家咖啡馆所需要购买的设施设备。		

评价反馈

评价指标	评价内容	分数	分数评定
信息检索	能有效利用网络、图书资源查找有用的相关信息等；能将查到的信息有效地传递到学习中	10分	
感知课堂生活	熟悉咖啡馆的选址及设计工作内容，认同工作价值；在学习中能获得满足感	10分	
参与态度	积极主动与教师、同学交流，相互尊重、理解、平等；与教师、同学之间能够保持多向、丰富、适宜的信息交流	10分	
	能处理好合作学习和独立思考的关系，做到有效学习；能提出有意义的问题或能发表个人见解	10分	
知识获得	阐述咖啡馆空间及店面设计要点	10分	
	记忆咖啡馆市场调研的内容和方法	10分	
	陈述咖啡馆选址要求	10分	
	解释咖啡馆氛围营造的基本要素	10分	
思维态度	能发现问题、提出问题、分析问题、解决问题、创新问题	10分	
自评反馈	按时按质完成任务；较好地掌握知识点；具有较强的信息分析能力和理解能力；具有较为全面严谨的思维能力并能做到条理清晰	10分	
自评分数			
总结与反思			

拓展知识

不同类型的咖啡馆应该怎样进行设计

不论是商场咖啡馆还是半开放式咖啡馆，简约风格的咖啡馆设计应该呈现简洁、大气，不要过多的修饰。设计师在设计简约风格的咖啡馆时，常常采用浅色，如白色、米黄色、木色等色系来定位室内色彩，在室内墙面和硬装部分，常常用流线的线型来规划室内硬装部分；在室内家具部分可选择的方式就更多了。

工业风的咖啡馆设计方式，同样也适合各类咖啡馆，工业风的设计方式重在工业风元素的运用，我们常常能见到的工业风元素有：裸露的水泥墙、砖墙、线管，铁艺部分：钢结构、钢材隔墙、铁艺楼梯、铁艺吊顶、链条等，家具部分：铁艺桌、实木桌、皮质座椅、皮质沙发等。

项目十 酒吧成本管理

项目描述

李先生在酒吧点了一份“金汤力”鸡尾酒，该饮品是用1盎司金酒加适量的汤力水调制而成的。调酒师接到了客人的点单后，立即当着顾客的面随手倒了一份金酒，然后兑上汤力水递给顾客。顾客不接受这杯酒水，认为金酒不足量，要求退换。后来，调酒师只好重新用量杯给他换了一份。由于调酒师未能按标准配方调制酒水，导致顾客退换酒水，造成酒水损失和浪费，增加了酒吧的酒水成本。

学习目标

❶ 知识目标

（1）记忆酒吧成本管理的要点。

（2）解释酒吧的成本构成。

❷ 能力目标

（1）能够运用酒吧成本核算的方法计算成本。

（2）分析如何控制酒吧成本。

❸ 思政目标

（1）培养独立实践的能力。

（2）培养敏锐的观察力及职业敏感性。

（3）培养人际沟通、创新等职业能力。

项目分析

❶ 重点

酒吧成本核算的方法。

❷ 难点

酒吧成本控制的方法。

项目内容

任务1 酒吧原料管理

任务导入

小王刚刚入职北京某五星级酒店的酒吧。已知平均每天销售各类酒水为：可乐3箱，雪碧1箱，橙汁10瓶，苹果汁10瓶，啤酒5箱。该酒吧每周采购1次，各类酒水的保险库存量为：可乐6箱，雪碧3箱，橙汁30瓶，苹果汁10瓶，啤酒10箱，采购需要在1天后到货。请问，该酒吧各类酒水的标准贮存量、最低贮存量分别是多少？小王作为酒吧采购员，在采购时，仓库尚存可乐10箱，雪碧5箱，橙汁10瓶，苹果汁8瓶，啤酒3箱，请问小王应该采购各类酒水分别多少？

知识链接

原材料采购控制的主要目的是：保证饮料产品生产所需的各种配料适当存货，保证各种配料的质量符合要求，以及保证按合理的价格进货。原材料采购控制的关键是：确定采购制度，明确采购计划，并按照采购流程进行采购。

酒吧的采购管理

一、采购管理

（一）采购管理制度

为了搞好酒吧的采购工作，提高酒吧经费使用效率，保证优质廉价的供应，确保经济指标的完成，以及防止一些不良倾向的发生，在酒吧服务物品采购中需遵守以下规定。

（1）所有采购活动必须遵守国家有关法律和法规。

（2）相关人员在采购、收货的过程中，必须遵守商业道德，努力提高业务水平，适应市场经济的发展要求；讲究文明礼貌，遵纪守法；以酒吧利益为主，相互监督，相互配合，共同把关。

（3）购买服务物品必须填写物资采购申请单，报请相关负责部门同意后进行统一采购。

（4）采购人员必须充分掌握市场信息，收集市场物资情况，预测市场供应变化，并结合酒吧实际的情况，提出合理化的采购建议。

（5）严把质量关，认真检查服务物品质量，力求价格合理、质量合格。

（6）采购的服务物品要适用，避免盲目采购造成积压浪费。严格按采购计划办事，执行服务物品预算，遵守财务纪律。

（7）加工订货，要对厂家生产的服务物品的性能、规格、型号等进行考察，将考察结果与使用部门协商，择优订货。

（8）签订合同，必须注明供货品种、规格、质量、价格、交货时间、货款交付方式、供货方式、违约经济责任等；否则，造成的损失由相关的采购人员负责。

（9）及时与有关部门或负责人员联系，做到购货迅速，减少运输中转环节，降低库存量。

（10）大型的设备、用具等服务物品，按照规定要求进行购买。

（二）采购计划

1. 确定采购范围

酒吧采购工作的范围应包括：常用各类设备；酒吧日常用品、耗用品；各类进口、国产酒类；各类水果；酒吧供应的小食品及半成品原料；各种调味品以及杂项类。

2. 选定采购项目

不同类型的酒吧有着不同类型的酒单，酒单的内容直接与饮料的供应和采购有关。酒吧原料采购项目一般包括以下三大类。

（1）酒水类　包括餐前开胃酒、鸡尾酒、白兰地、威士忌、金酒、朗姆酒、伏特加、啤酒、葡萄酒、咖啡、茶等。

（2）小吃类　包括干果、饼干、蜜饯、爆米花、肉干以及油炸小吃和三明治等快餐食品。

（3）水果拼盘类　包括水果盘、瓜果品等。

3. 影响采购计划制订的因素

制订采购计划需要考虑的因素很多，主要有以下七个方面。

（1）酒水的销售量　考虑销售量的大小，以销售量决定进货量。酒吧经营有明显的周期，高峰期在公休日、节假日，这时的酒水销售量大，需要对酒水原料进行批量购买；平时酒水、食品的销售量少，就可压缩采购数量。另外，不同酒水在不同季节的需求是变化的。咖啡等热饮在冬季销售量较大，啤酒、碳酸饮料等在夏季销售量大。因此，酒吧在采购原料时，要根据酒水销售量来确定采购数量。

（2）酒吧的储藏能力　根据现有储藏能力确定采购的数量。尽管酒水对冷冻、冷藏的条件要求并不是很高，大多数酒水可在室温下储存，但酒水所占空间较大，如果酒吧储存空间不大，应适量进货。

（3）酒吧的财务状况　随着互联网的发展，目前酒吧交易多以移动支付为主，使用资金较方便。经营较好的酒吧一般不存在资金短缺问题，可以适当增加采购数量；当酒吧因装修或扩大业务占用较多资金而造成资金短缺时，可适当减少采购数量，加速资金周转。所以，酒吧要根据财务状况确定采购数量。

（4）采购地点的远近　酒水原料采购地点的远近影响酒吧采购的数量。如果采购地点较远，可以增加批量，减少批次，这样可以节省采购费用，防止原料断档；如果采购地点较近，采购方便，则可以减少批量，增加批次。

（5）市场供求状况　有些进口酒水的原料市场供应不稳定，经常断货，而酒吧又不能缺少这些原料，如石榴汁、青柠汁等。在这种情况下，可以一次性多买些，防止用完后不能及时买到；市场供应较稳定的原料，可少量多次采购。

（6）食品原料的特点 酒吧小食品、水果等不宜长时期保藏的原料应少量多次采购，勤于进货，否则容易导致变质、浪费。易保藏的原料如蒸馏酒等，由于保存期较长，在采购时可以大量少次采购。

（7）原料保质期 酒水应按基本特点分别在不同的温度和湿度条件下贮存。各种酒水的保质期不同会直接影响原料的采购数量。在采购瓶装、听装熟啤酒时，应尽量选择保质期至少为60天的产品，所选择的瓶装鲜啤酒保质期至少为7天，罐装、桶装鲜啤酒保质期至少为3天；果酒和葡萄酒贮存时间可长至2年；威士忌等蒸馏酒贮藏期限可达10年。酒吧可根据需要，按贮存期的长短来进货，并保证在保质期期满之前销售完毕。

总之，酒水饮料的进货数量和次数是由一系列因素共同决定的。除上述因素外，还要考虑到上个月期末实地盘存数量等因素。

4. 采购数量计算

（1）最低贮存量 酒吧贮存的各种酒水和食品都有一定的标准贮存量，当各种酒水或食品数量降至需要采购的数量，而又能维持至新的原料到来时，这个数量称为原料的最低贮存量。它的计算方法是：

最低贮存量=日需要量×发货天数+保险贮存量

（2）标准贮存量 标准贮存量是酒吧对某种酒水或原料的最高储存量。它的计算方法是：

标准贮存量=日需要量×定期采购间隔天数+保险贮存量

（3）保险贮存量 保险贮存量是为防止市场供货问题和采购运输问题预留的原料数量。酒吧某种原料保险贮存量的确定，要根据市场供应情况和采购运输的方便程度而定。

（4）采购数量 酒水或食品的采购数量是酒吧采购控制的一个重要因素。采购过量的原料会占据仓库的空间，积压资金，影响质量。相反，采购频率太高会增加采购费用，耽误经营。酒吧必须确定合理的采购数量。它的计算方法是：

采购数量=标准贮存量-现存量+日需要量×发货天数

（5）日需要量 酒水日需要量是指餐厅或酒吧每天对某种酒水或原料需要的平均数。

（三）采购流程

1. 酒吧确定领取物资种类及数量，按需填写领料单

储藏仓库结合日常经营需要，确定需补充添加的各类原材料明细后，填写领料单。领料单需在拟领原材料部门的主管领导签字确认后，方可向储藏仓库进行领料申请。

2. 根据储藏仓库库存物资，领取原材料

储藏仓库根据仓库中的原材料实际库存情况，对酒吧提交的领料单进行原材料配置。发放的原材料可以是仓库本身保管储存的，也可以是当天验收合格的新鲜新到的原材料。

3. 根据储藏仓库实际原材料储存情况，决定是否重新采购

如果储藏仓库中无酒吧所领取的原材料，可由仓库进一步通过采购申请单向采购部门提出订货要求。

4. 提出订货申请，正确填写订货申请，并将单据保存

采购部门接到订货申请后，可通过正式的订购单手续向供货单位订货，同时给验收部一份订购单，以备验收货物时进行相关内容的核对确认。

5. 组织相关部门及人员进行验收，完成验收管理环节的各项工作

订货后，供货单位或是原材料供货人能够将原材料送到储藏仓库，则由验收部门对物资进行验收，验收合格后方可入库并进行登记。如果供货方不能提供送货上门服务，则由采购部门承运回来后，交由验收部门进行验收后方可入库。

6. 通知酒吧领取原材料，以避免原材料的质量发生变化

验收部门在酒吧所需原材料入库后，可在第一时间通知酒吧领取原材料，尤其是一些新鲜食材，以避免存放时间过长导致原材料质量发生变化。

二、验收管理

（一）验收工作内容

酒水验收是指酒水验收员按照酒吧制定的酒水验收程序与质量标准，检查酒水供应商发送的或由采购员购来的酒水质量、数量、规格、单价和总额等的工作，并将检验合格的各种酒水送到酒水储藏室，记录检查结果的过程。酒水验收是酒水采购的一个重要环节，做好验收工作，能防止接收变质的食品原料，并且能防止原料因无人看管而失窃。酒水验收工作内容如表10-1所示。

表10-1 酒水验收工作内容

工作环节	工作标准
核对发票与订购单	核对送货发票与相应的订购单上的供货以及收货单位与地址，避免收错货
检查价格	核对送货发票上的价格与订单上的价格是否一致
检查酒水质量	①检查实物酒水的质量和规格是否与订购单相符，账单上的规格是否与订购单一致。 ②检查酒水的度数、商标、酿酒年份、酒水色泽、外包装等是否完好，是否超过保存期，酒水质量符合要求方可接收入库。 ③若发现质量问题，如包装破损、密封不严、酒水变色、气味怪异、酒液混浊、超过有效日期等现象，验收员有权当场退货。 ④如果在验收之前瓶子已破碎，运来的饮料不是企业订购的牌号，或者到货不足，验收员要填写货物差错通知单。如果没有发货票，验收员应根据实际货物数量和订单上的单价填写无购货发票收货单。 ⑤若大批量采购时，要对瓶装酒水进行抽样检查，以确定质量是否合格
检查酒水数量	①检查酒水的数量与订购单、发货票上的数量是否一致。 ②仔细清点各种酒水的瓶数、桶数或箱数。 ③对于以箱包装的酒水，要开箱检查，特别是检查箱子下层是否装满。如果酒水验收员要了解整箱酒水的重量，也可以通过称重来检查

（二）办理验收手续

验收手续办理如表10-2所示。

表10-2 验收手续办理

工作环节	工作标准
在送货发票上签名	送货员给酒水验收员的送货发票有两联，送货员会要求验收员在送货发票上签名。验收员签名后，将第二联交回送货员，以示购货单位收到了货物，第一联则交给财务人员
填写收货验收单	酒水验收员应立即填写收货验收单，待每日所有收货验收工作全部结束后，再将其汇总上交财务人员
送货分发	验收合格的原料，一部分作为直拨原料进酒吧，另一部分则作为入库原料送仓库贮存。需要注意的是，分发和入库均需有领用和入库手续，并贴上必要的标签，同时应禁止送货者或店内无关人员进入库房
退货处理	①若供应商送来的酒水不符合采购要求，应请示酒吧主管是否按退货进行处理。若因经营需要决定不退货，应由酒吧主管人员或相关决策人员在验收单上签名。若决定退货，验收员应填写退货单。 ②退货时，验收员应在退货单上填写所退酒水名称、退货原因及其他信息，并在退货单上签名。退货单一式三份，一份交送货员带回供货单位，一份验收员保留，一份交财务人员。 ③验收员退货后，应立即通知采购员重新采购，或通知供货单位补发或重发
入库登记	酒水入库时，应在酒水存货卡上注明以下信息：酒水品名、进货日期、酒水数量或重量、酒水单价和金额。这些信息由验收员在验收酒水时填写

三、库存管理

（一）酒水仓库的设置

酒水仓库是储存酒水的重要场所，其内部设施要求不高，一般只需配备下列用具：木质或金属结构的酒架，架子不要太深太高，以便拿取，每层都要有格架把酒架纵向隔成若干小格，以便按品种堆放酒品；梯子，用于存货和取货；推车，用于搬运货物。此外，酒水仓库还应满足下列一些基本要求。

1. 有足够的贮存和活动空间

酒水仓库的贮存空间应与酒吧的规模相称，地方过小会影响酒品贮存的品种和数量；活动空间适当宽敞，既可减轻劳动强度，避免事故发生，又有利于通风换气及货物的进出和挪动等。

2. 通风良好

通风换气的目的在于保持酒水仓库中有较好的空气，若酒精挥发过多而空气不流通，会使易燃气体聚积，造成危险。较好的空气流通还利于工作人员的呼吸，有利于保持酒水仓库的干燥。

3. 保持干湿度

酒水仓库相对干燥的环境，可以防止软木塞的霉变和腐烂，防止酒瓶商标的脱落和质变；但过分干燥，会引起瓶塞干裂，造成酒液过量挥发。保持干燥的方法是在地面铺盖材料上下功夫，应选择易吸水、渗水的材料。

4. 避免强光照射

自然光线，尤其是直射日光中的紫外线容易破坏酒的品质。自然光线还可能会使酒水氧化过程加剧，造成酒味寡淡，酒液混浊、变色等现象。酒水仓库最好采用人工照明，照明强度和方式可受到适当的控制。

5. 防震动干扰

震动容易使酒品早熟，造成品质下降。许多名贵的葡萄酒在长期受震后（如运输震动）常需“休息”两个星期，方可恢复原来的风格。

6. 保持适当的温度

酒水仓库应保持适当的温度。如果酒水仓库设在地下，可以给酒品提供较好的贮存条件，因为地下酒水仓库在恒温、避光、防震等方面都具有得天独厚的条件。

（二）酒水储存室的设置

一些大型酒吧除建立酒水仓库外，还在消费场所另设酒水储藏室，在那里存放一定数量的酒品，以应付日常的消费。酒水储藏室大多采用酒柜的形式，有的酒柜还装有制冷设备，方便控制酒品的储存温度。酒水储藏室使用方便，减少了许多不必要的往返取货，并可避免对酒水仓库的过多干扰。

在设置上，酒水储藏室应靠近酒吧，这样可以减少分发酒水的时间。此外，酒水储藏室还应设在出入方便、易于监视的地方，如此可以方便发料，并且降低安全隐患。

酒水储藏室要求防潮、防霉、防鼠。储藏室内部应保持清洁卫生，不能有碎玻璃。箱子打开后，每一瓶饮料都应取出，归类存放到货架上，空箱子应立即搬走。

四、发放管理

酒水发放的操作程序如表10-3所示。

表10-3　酒水发放的操作程序

工作环节	工作标准
清点酒水空瓶	酒吧调酒师下班前，应清点已用完的酒水空瓶，记录所需添加的酒品数量
填写酒水领料单	酒吧调酒师填写酒水领料单，按领料单的栏目填写代码、品名、瓶数、单瓶酒水容量、单价等信息
开单	酒吧经理根据酒水领料单核对吧台里的瓶数和牌号。如果两者相符，应在“审批人”一栏签名，表示同意领料
仓库领料	酒吧调酒师或服务员应将空瓶和酒水领料单送到储藏室，酒水管理员根据空瓶核对酒水领料单上的数据，并逐瓶替换空瓶，然后在“发料人”一栏签名；同时，调酒师或服务员在“领料人”一栏签名

续表

工作环节	工作标准
后期服务	①为了防止员工用退回的空瓶子再次领用酒水，酒水管理员应按照酒吧的规定妥善处理空瓶。 ②仓库管理员在酒水领料单中填入各种酒水的单价，并计算出单价和发出瓶数的乘积，填入小计栏。然后再在“总瓶数”与“总成本”两栏中分别填入各种酒水发出瓶数之和与各种酒水小计数之和。 ③当所有酒水从库房领出后，要由仓库管理员和调酒师一同清点酒水数量，看是否与领料单上一致，确认无误后双方签字

自学检测

请扫描二维码检测任务学习情况。

任务实训

任务名称：酒吧原料管理	姓名：	日期：
	班级：	学号：
任务描述： 学习者通过了解酒吧采购制度及流程，明确酒水验收工作内容及手续，掌握酒吧库存管理和发放程序，为将来进入相关岗位打下坚实的理论基础。		
任务清单： 请根据所学内容，以小组为单位，完成以下任务。		
1．请描述酒吧原料采购流程。		
2．请描述酒水验收工作的内容。		
3．请详细描述办理验收的手续。		
4．简述酒水发放的管理重点。		

续表

5. 简述酒水发放的操作程序。

评价反馈

评价指标	评价内容	分数	分数评定
信息检索	能有效利用网络、图书资源查找有用的相关信息等；能将查到的信息有效地传递到学习中	10分	
感知课堂生活	熟悉酒吧原材料验收工作，认同工作价值；在学习中能获得满足感	10分	
参与态度	积极主动与教师、同学交流，相互尊重、理解、平等；与教师、同学之间能够保持多向、丰富、适宜的信息交流	10分	
	能处理好合作学习和独立思考的关系，做到有效学习；能提出有意义的问题或能发表个人见解	10分	
知识获得	能制定采购计划，明确采购范围及项目	10分	
	明确采购流程，选购到合适的原材料	10分	
	能按照需求，对酒吧原料进行采购控制	10分	
	会计算采购数量	10分	
思维态度	能发现问题、提出问题、分析问题、解决问题、创新问题	10分	
自评反馈	按时按质完成任务；较好地掌握知识点；具有较强的信息分析能力和理解能力；具有较为全面严谨的思维能力并能做到条理清晰	10分	
自评分数			
总结与反思			

拓展知识

酒水发放的管理重点内容

审批人是酒水发放的把关人，从根本上控制着酒水的发放量。酒吧必须以制度的形式确定酒水发放的各级审批人，而各级审批人平时应注意与基层保持密切联系，掌握酒水使用情况的动态信息，根据客观需求量进行酒水审批，以动态的眼光把握酒水分配量。

执行人涉及酒水发放过程各方面的人员，包括发料人员、核算人员和领料人员。执行人员素质的高低直接关系发放工作的质量，应加强对这些人员的日常管理。需要注意的是，实物发货人与发货记账人应分岗设置，另设专人领料。

仓库是酒水储存重地，每种酒水对储藏环境和条件都有严格明确的要求，如果大量人员频繁进出仓库，会极大影响储藏环境，同时严重威胁酒水的数量安全。因此，应当尽量在仓储空间之外设置专门的发货区域，发货人员将待发放的酒水搬运到发货区域，领货人应在此区域交接，不能直接进入仓库领料。

发货时间可以根据酒水的用途，采取定时和不定时相结合的办法。

在进行酒水交接时，发货人和领货人都必须按照发货单和领料单复核检查，点清所发酒水的品种、规格和数量，确保无差错时才可出库。如果发生差错，会给仓库账目和成本核算等环节造成混乱，事后发现也难以查清问题及责任，非常被动。

任务2 酒吧成本控制

任务导入

调酒师小张在吧台为客人调制了一杯经典鸡尾酒龙舌兰日出，他严格按照配方调制：银龙舌兰60毫升，橙汁150毫升，红石榴糖浆10毫升，备注：银龙舌兰进货成本1瓶75元（750毫升），橙宝橙汁成本20元（1000毫升），红石榴糖浆成本60元（750毫升），装饰费用1元。应该如何计算此杯鸡尾酒的成本，成本是多少？

知识链接

一、酒吧成本核算

酒吧成本核算　酒吧成本构成

酒吧成本是指酒吧经营所产生的各项费用和支出。

（一）酒吧成本构成

酒吧成本指酒吧经营酒水产品时发生的各项费用支出，包括酒水成本，各种小食品、装饰品与调味品成本，人工成本，能源成本，设备折旧费及管理费等。在酒吧经营的各项成本中，有固定成本与变动成本、可控成本与不可控成本、标准成本与实际成本。

1. 固定成本

固定成本指在一定的业务范围内，其总量不随产量或销量增减而相应变动的成本。比如，酒吧的管理费、酒吧的折旧费等，这些成本在一定的经营范围内并不随酒水的销售量而变动。但是，当酒水的销售量超过现有的经营能力，需要增加营业面积和设施时，某些固定成本也会随着营业量的增加而增加。固定成本的最大特点是，它在一定的业务范围内，随着业务量的增加，单位产品所负担的固定成本相对减少。比如酒吧的冰柜，不论酒吧使用的频率如何，按照会计制度它的折旧费被平均地分派到10年中。

2. 变动成本

变动成本是随酒水销售量的变化而变化的成本，如酒水成本、低值易耗品成本、人工成本及能源成本等。变动成本的最大特点是随销售量的比例增减，特别是酒水成本和低值易耗品成本受酒水销售量影响很大。一些管理人员认为，人工成本和能源成本属于半变动成本，因为人工成本和能源成本不完全是按酒水销售比例而增减的。

3. 可控成本

可控成本是酒吧管理人员在短时期内可以改变和控制的成本，如酒水成本，小食品、装饰物及调味品成本等。酒吧管理人员和调酒师可以经过变换酒水的份额、配方，以及加强对餐饮原料的采购、验收、贮存、生产的管理来控制酒水成本。

4. 不可控成本

不可控成本指酒吧管理人员在短时间内无法改变和控制的成本，如设备折旧费、贷款利息等。

5. 标准成本

标准成本指酒吧在正常的经营情况下，酒水经营和服务所占用的成本指标。为了使客人得到理想的酒水产品增加企业的信誉，同时使企业得到合法的利润。

6. 实际成本

实际成本是酒吧经营过程中实际消耗的成本，以及单位酒水产品实际投入的成本。

（二）酒水成本核算

酒水成本指酒水在销售中的直接成本，实际上，酒水成本是酒水的采购价格。

1. 酒水成本率

酒水成本率指单位酒水产品成本与酒水售价的比。比如，在配制一杯鸡尾酒时，将它的基酒、调味酒果汁、冰块及装饰品项成本的总和除以它的售价，即得该酒水的成本率。其计算公式是：

酒水成本率=酒水成本/酒水售价×100%

2. 酒水毛利额

酒水毛利额指酒水售价减去酒水直接成本后得到的利润。比如，一杯鸡尾酒的售价是52元，它的成本是10.40元，那么，它的毛利额为41.60元。毛利额不是纯利润，它是未减去酒吧经营中各项开支的利润额。其计算公式是：

酒水毛利额=酒水售价-酒水直接成本

3. 酒水毛利率

酒水毛利率是指酒水毛利额与酒水售价的比。其计算公式是：

酒水毛利率=酒水毛利额/酒水售价×100%

4. 酒水零杯销售的核算

零杯销售的酒水主要指蒸馏酒，如白兰地、威士忌等。这些蒸馏酒除用于配制鸡尾酒外，常以零杯销售。每份容量为1盎司。零杯销售的酒水的核算方法是：

零杯销售额=（每瓶酒容量-每瓶允许流失量）/每份标准容量×
实际使用瓶数×每份标准售价

通常，酒吧对每瓶蒸馏酒允许的流失量为1盎司。

5. 酒吧每日的核算

酒吧应当每日进行清点和核算。首先对酒吧每日入库的酒水及其他的原料进行统计，然后统计当日酒水销售情况及库存酒水数量，再根据各种统计数据计算出当日酒吧的实际成本、成本率、毛利率、毛利额等。这样，酒吧每天可以将本企业的实际成本与预计的标准成本进行比较，以达到成本控制的目的。

二、酒水定价

（一）以成本为基础的定价方法

以成本为基础的定价方法是酒吧对酒水定价运用最广的方法，在具体使用中可分为四种方法。

1. 原料成本系数定价法

原料成本系数定价法，首先要算出每份饮品的原料成本，然后根据成本率计算售价。其计算公式是：

售价=原料成本额/成本率

成本系数是成本率的倒数。国内外很多餐饮企业运用成本系数，因为乘法比除法运算容易。如果经营者计划自己的成本率是40%，那么成本系数为1/0.4，即2.5。

原料成本系数定价法的计算公式是：

定价=原料成本额×成本系数

以原料成本系数定价需要两个关键数据：一是原料成本额；二是成本率（通过成本率可算出成本系数）。原料成本额是由饮品实际调制过程中使用情况汇总得出它在标准酒谱上以每份饮料的标准成本列出。

例：已知一杯啤酒的成本为4元，计划成本率为40%，即成本系数为2.5。则其定价为：

4×2.5=10（元）

2. 毛利率定价法

毛利率是根据经验或经营要求决定的，故也称计划毛利率。其计算公式是：

定价=成本/（1-毛利率）

例：1盎司的威士忌成本为6元，如计划毛利率为80%，则其定价为：

6/（1-80%）=30（元）

这种方法只考虑酒水原料的直接成本，不考虑其他成本因素。

3. 全部成本定价法

全部成本定价法公式为：

定价=（每份饮品的原料成本+每份饮品的人工费用+每份饮品其他经营费用）/（1-计划经营利润率-营业税率）

每份饮品的原料成本可直接根据饮用量计算；人工费用（服务人员费用）可由人工总费用除以饮品份数所得，也可由全部成本定价法计算出每份饮品的经营费用。

例：某鸡尾酒原料成本为20元，每份人工费用为3.2元，其他经营费用每份均为4.8元，计划经营利润率为30%，营业税率为5%。则：

鸡尾酒定价=（20+3.2+4.8）/（1-30%-5%）≈43.08（元）

4. 本量利综合分析定价法

本量利综合分析定价法是根据饮品成本、销售情况和盈利要求综合定价的。其方法是将酒单上所有饮品根据销售量及其成本分类。每一饮品总能被列入下面四类中的一类。

①高销售量、高成本；②高销售量、低成本；③低销售量、高成本；④低销售量、低成本。

虽然第②类饮品是容易使酒吧得益的，但在实际上，酒吧出售的四类饮品都有，这样，在考虑毛利的时候，把第①④类毛利定适中一些，而把第③类加较高的毛利，第②类加较低的毛利，然后根据毛利率法计算酒单上酒品的价格。这一方法综合考虑了需求（表现为销售量）和成本、利润之间的关系，并根据成本越大、毛利额越大、销售量越大；毛利额越小、销售量越小这一规则定的。酒单价格还取决于市场均衡价格，价格高于市场价格，就把客人推给了别人；但若大大低于市场价格，酒吧盈利少，甚至会亏损。因此，在定价时，可以经过调查分析或估计，综合以上各因素，把酒单上酒品分类加上适当毛利，有的取低的毛利率，如20%，有的取高的毛利率，还有的可取适中的毛利率。这种高、低毛利率也不是固定不变的，在经营中适当调整。

本量利综合分析定价法看上去比较复杂，有一定难度，但经营者做一些调查分析，并经过多种因素的综合考虑后，给饮品定的价必定是比较合理、能使酒吧得益的，而且，这些市场调查的结果，能使酒吧经营服务得到不断改进。

（二）以竞争为中心的定价方法

在餐饮市场激烈竞争的形势下，价格是酒吧增强竞争能力、扩大市场销售率的有效手段。以竞争为中心的定价方法就是密切注视和追随竞争者价格，以达到维持和扩大酒吧的市场占有率和扩大销售量的目的。

1. 随行就市法

这是一种最简单的方法，即把同行的酒单上酒水的价格为己所用。使用这种方法要注意以经营成功的酒吧酒单为依据，避免把别人不成功的定价搬为己用。这种定价方法的优点是直接采用同类酒吧产品价格，可简化定价的过程，减少定价的精力。随行就市法定出来的产品价格是经过经营实践后证明确实是能被市场上顾客接受的价格。目前，我国酒吧定价大多采用随行就市法。

2. 竞争定价法

这是以竞争者的售价为定价的依据制定的酒单价格。

3. 最高价格法

最高价格法是在同行业的竞争者当中，对同类产品定价总是高出竞争者的价格。该价格法要求酒吧具有一定的实力，即尽可能地提供良好的酒吧环境氛围，提供一流的服务和一流的饮品，以质量取胜。

4. 同质低价法

对同样的质量，同类饮品和服务定出低于竞争者的价格。该方法一方面用低价争取竞争对手的客源，来扩大和占领市场。另一方面加强成本控制，尽可能降低成本，提高经营效率，实行薄利多销，既最大限度满足消费者的需要，又使企业有利可图。

（三）酒品销售方式与酒单价格表述

1. 瓶装销售定价

酒单上一些饮品是论瓶、听销售的，如葡萄酒、矿泉水、软饮料、啤酒以及名品白兰地等。整瓶酒水的定价可用进价除以成本率求出。瓶装销售定价公式为：

瓶装销售定价=每瓶进价/成本率

整瓶酒定价时，成本率是关键。高档酒吧成本率一般在50%左右。如一瓶干白葡萄酒进价为25元一瓶，酒吧售价为60～80元。这种定价方法，让顾客具有可比性，酒水定价高会造成顾客不满或形成自带酒水的情形，影响酒吧正常经营。

2. 零杯销售定价

零杯销售是酒吧最常用的服务方式，一般价格定得较高，如咖啡、果汁及各种酒类。主要原因一是酒水在斟倒过程中会产生一定量的损耗；二是零杯销售增加了劳务服务工作，给顾客带来了饮用上的方便。零杯销售定价公式为：

零杯销售定价=每杯容量成本/成本率

这种定价方法，顾客没有可比性而且方便，即使价格高一些顾客也能接受。

3. 盎司（量杯）销售定价

酒吧中大部分酒类尤其是名贵酒如白兰地、威士忌等，因价贵和酒精度高，大多数顾客只是按盎司消费。1盎司约为30毫升，一个标准容量750毫升的酒大约为25盎司。顾客易由进价计算出每盎司的成本：

1盎司定价=每盎司成本/成本率

按盎司论价其成本率是最低的。

4. 混合饮料销售定价

混合销售的酒水定价方法是计算各种配料成本加一定毛利而定价。酒单上的许多鸡尾酒和配方已经标准化，按每份酒各配料的用量和价值算出每份成本，然后除以一定成本率算出售价。鸡尾酒的基酒价值高，要考虑流失量，而其他价值较低配料不必考虑流失量，因而售价为：

鸡尾酒的售价=［主要配料整瓶售价/（每瓶容量-允许流失量）/每份容量+其他配料整瓶售价/每瓶容量/每份容量+其他添加品价值］/成本率

5. 同类酒水相同价

酒单上为了方便，常常对每杯或按盎司出售的同类饮品定以相同价。如软饮料雪碧、可乐、七喜一般为12元/杯，威士忌一般为28元/盎司，鸡尾酒一律为50元/杯。

三、酒吧成本控制

（一）原料成本控制

在酒水的调制过程中，很容易发生酒水的损耗与浪费，如不加强控制，就会不可避免地增加酒水成本。酒水成本控制主要有以下一些方法。

1. 标准用量控制

标准用量管理既不考虑成本额，也不考虑销售额，而是根据酒吧库存记录确定各种蒸馏酒的消耗量，同时根据销售记录计算各种蒸馏酒的销售量，然后对两者进行比较分析。

对占销售量绝大部分的常用蒸馏酒，可以采用这一方法进行管理，其步骤如下：根据库存记录，计算各种蒸馏酒的标准消耗量；根据销售记录，计算各种蒸馏酒的实际消耗量；对比实际消耗量和标准消耗量，进行具体分析。若两者差异为2～3盎司，属于正常现象；若两者差异大于3盎司，必须检查使用和储存过程，找出产生差异的原因。必须指出，每天盘点酒吧中各种蒸馏酒的存货较费时间，因此实际工作中可以只对酒吧常用的威士忌、朗姆酒、金酒、伏特加和特基拉等酒采用用量管理方法。

2. 标准收入管理

标准收入管理是根据酒水实际消耗量计算应得营业收入，然后将其与实际营业收入进行分析，据此发现问题的一种成本管理方法。使用这种方法，需要分别计算整瓶销售、零杯销售、混合销售酒水的应得营业收入，再将应得营业收入与实际营业收入进行比较。

（1）整瓶销售酒水的应得营业收入计算公式为：

整瓶销售酒水的应得营业收入=（实际消耗瓶数-应扣项目瓶数）×每瓶标准售价

例如：某酒吧上日结存啤酒20瓶，本日领料240瓶，本日结存40瓶，其中内部招待用酒10瓶，若啤酒每瓶售价8元，则其应得营业收入为：

$$(20+240-40-10)\times 8=1680（元）$$

（2）零杯销售酒水的应得营业收入计算公式为：

零杯销售酒水的应得营业收入=（每瓶容量-允许溢出量）/每杯容量×实际消耗瓶数×每杯标准售价

例如：假定某酒吧某日共消耗4.25瓶金酒，而每瓶金酒的容量为32盎司，每瓶的允许溢出量为1盎司，每杯金酒的标准用量为1.5盎司，每杯金酒的标准售价为10元，则其应得营业收入为：

$$(32-1)/1.5\times 4.25\times 10\approx 878（元）$$

使用这种方法，管理人员要将零杯销售的酒水折算为每瓶的应得营业收入总额，印在营业收入核算表上，这样只需每日盘点实际消耗的瓶数，再对照实际营业收入便可控制酒水的消耗成本。

如果整瓶酒的售价低于每瓶酒散卖的销售价格，可用以下两种方法调整标准营业收入数额。第一种方法是从蒸馏酒耗用量中扣减整瓶酒的营业收入数额；第二种方法是调整标准营业收入总额，以便与包括整瓶酒的营业收入在内的实际营业收入总额进行比较。

（3）混合销售酒水的消耗量计算公式为：

酒水消耗量=配方中该酒水用量×实际销售数

混合销售通常又称为配制销售或调制销售，主要是指混合饮料和鸡尾酒的销售。鸡尾酒和混合饮料在酒水销售中所占比重较大，涉及的酒水品种较多，因此，销售控制的难度也较大。酒水混合销售的控制比较复杂，有效的手段是建立标准配方。标准配方的内容一般包括酒名、各种调酒材料及用量、成本、载杯和装饰物等。建立标准配方的目的是使每一种混合饮料都有统一的质量，同时确定各种调配材料的标准用量，以利加强成本核算。标准配方是成本控制的基础，不但能有效地避免浪费，而且可以有效地指导调酒师进行酒水的调制操作。酒吧管理人员则可以依据鸡尾酒的配方采用还原控制法实施酒水的控制，其控制方法是先根据鸡尾酒的配方计算出某一酒品在某段时期内的使用数量，然后按标准计量还原成整瓶数。

例如：某酒吧某月共销售干马天尼鸡尾酒300杯，干马天尼鸡尾酒配方是金酒2盎司，干味美思0.5盎司。根据本公式可算出金酒的实际用量为：

$$2\times 300=600（盎司）$$

每瓶金酒的标准份额为25盎司，那么就需要24瓶。

（4）应得营业收入与实际营业收入的比较，主要通过营业收入差异率这一指标来衡量：

营业收入差异率=（实际营业收入-应得营业收入）/应得营业收入×100%

一般酒吧规定允许的营业收入差异率在±3%之间，若营业收入差异率过大，管理人员应分析原因，可能会有以下几种情况：

①对酒水结存量估计不准。

②库存酒水丢失或被私用。

③粗心打破酒瓶或倒酒时溢出。

④未严格按标准配方调酒或调酒时斟酒过多。

⑤售出酒水没有正确记载及其他销售控制不严的现象。

3. 标准成本管理

标准成本管理是指定期将某个时期内酒水的实际成本与标准成本进行比较，分析百分比的变化，检查酒水成本管理是否存在问题的一种管理方法。

根据各种酒水的不同，确定某一控制期内的标准成本总额和标准营业收入总额，与实际成本总额和实际营业收入总额进行比较。此外，还可以计算标准成本率，与实际成本率相比较。酒水成本率计算应依据酒水单的顺序逐项计算，便于酒吧服务员和调酒师遵照执行。各种酒水的销售量可根据顾客账单统计或由收银机自动记录的数字统计。

酒吧某个时期的实际成本总额和实际成本率的计算公式是：

实际成本总额=期初存货数额+本期领料数额+期内调拨进数额-期内调拨出数额-期末存货数额

实际成本率=实际成本总额/实际营业收入总额

使用标准成本控制法，可以将标准成本总额与实际成本总额进行比较，还可以对标准营业收入总额与实际营业收入总额进行比较。只要酒吧能正确地记录酒水的销售量和售价，就能马上查明标准营业成本与实际营业成本产生差异的原因。另外，整瓶酒的售价一般低于按杯零售的一瓶酒的售价，若酒吧也出售整瓶酒，则必须单独计算。

使用标准成本控制法，还可以对标准成本率与实际成本率进行比较。一般来说，实际成本率通常高于标准成本率，而实际成本率与标准成本率之差不应超过±0.5%。需要指出的是，使用标准成本控制法，酒吧在某个时期（1天、1周或1个月）的标准成本率会随着酒水销售构成的变化而有所不同。通常，控制期的实际成本率不能超过测试期的标准成本率的±0.5%。如果高于标准成本率的0.5%，说明浪费和损耗太多，要查清原因；如果低于标准成本率的0.5%，说明出品质量有问题，要查清原因。

（二）人工成本控制

酒吧人工成本控制主要包括用工数量控制和员工工资总额控制。

1. 用工数量控制

在人工成本控制中，酒吧管理人员应对酒吧员工数量进行控制。应尽量减少缺勤工时、停工工时、非生产和非服务工时，提高员工出勤率、劳动生产率及工时利用率，严格执行劳动定额。

2. 员工工资总额控制

为了控制人工成本，管理人员应控制酒吧员工工资总额，并按照每人每班的工作情况，逐日进行实际工作时间与标准工作时间的比较和分析，作出总结和报告。

酒吧经营费用控制

（三）经营费用控制

在酒吧经营费用中，能源成本占比重。酒吧能源消耗主要是电和水，尤其是电的消耗相当高。控制能源成本主要是教育和培训员工，促使他们重视节约能源，懂得节约能源的方法。此外，管理人员应该经常对员工的节能效果进行检查、分析和评估，并提出改进措施。除能源成本外，酒吧还有许多支出项目，如固定资产折旧费，设备保养和维修费，酒具、用具与低值易耗品耗用费，绿化费用及因销售发生的各项费用。这些费用有的属于不可控成本，有的属于可控成本。经营费用的有效控制只有通过加强酒吧日常管理才能实现。

自学检测

请扫描二维码检测任务学习情况。

任务实训

<table>
<tr><td rowspan="2">任务名称：酒吧成本控制</td><td>姓名：</td><td>日期：</td></tr>
<tr><td>班级：</td><td>学号：</td></tr>
<tr><td colspan="3">任务描述：
学习者通过熟练掌握酒吧成本核算、酒水定价方法、就酒吧酒水进行成本控制，为日后进入相关岗位打下坚实的理论基础。</td></tr>
<tr><td colspan="3">任务清单：
请根据所学内容，以小组为单位，完成以下任务。</td></tr>
<tr><td colspan="3">1. 某酒吧一杯莫吉托鸡尾酒的售价为58元，它的成本是10.4元。请核算出该鸡尾酒的成本率是多少？</td></tr>
<tr><td colspan="3"></td></tr>
<tr><td colspan="3">2. 某酒吧一杯玛格丽特鸡尾酒原料成本为15元，每份人工费用3元，其他经营费用每份均为4元，计划经营利润率为55%，营业税率为5%。请运用全部成本定价法核算出该酒吧玛格丽特鸡尾酒的售价是多少？</td></tr>
<tr><td colspan="3"></td></tr>
<tr><td colspan="3">3. 简述酒吧成本控制的主要内容。</td></tr>
<tr><td colspan="3"></td></tr>
</table>

续表

4. 酒吧一般规定允许的营业收入差异率在±3%之间，若营业收入差异率为6%。管理人员应通过分析哪些原因找出问题?

评价反馈

评价指标	评价内容	分数	分数评定
信息检索	能有效利用网络、图书资源查找有用的相关信息等；能将查到的信息有效地传递到学习中	10分	
感知课堂生活	熟悉酒吧成本核算，认同工作价值；在学习中能获得满足感	10分	
参与态度	积极主动与教师、同学交流，相互尊重、理解、平等；与教师、同学之间能够保持多向、丰富、适宜的信息交流	10分	
	能处理好合作学习和独立思考的关系，做到有效学习；能提出有意义的问题或能发表个人见解	10分	
知识获得	能制定酒水价格	20分	
	明确酒吧成本控制的类别及方法	20分	
思维态度	能发现问题、提出问题、分析问题、解决问题、创新问题	10分	
自评反馈	按时按质完成任务；较好地掌握知识点；具有较强的信息分析能力和理解能力；具有较为全面严谨的思维能力并能做到条理清晰	10分	
自评分数			
总结与反思			

拓展知识

酒吧定价考虑因素

首先确定饮料销售成本百分比：销售成本百分比=成本（购进价）÷售价，通常地讲，蒸馏酒的成本百分比为25%，而葡萄酒和啤酒略高，占33%～50%，每个酒吧都应确定自己的成本百分比，以期获得较高利润。酒吧坐落的地点、装饰和气氛也对定价有影响。如果地点方便，装饰和气氛有吸引力，顾客愿意接受高价格，以多支付来享受额外服务和舒适。竞争对手的价格也是要考虑的主要因素。价格过高会让顾客望而生畏，价格太低会导致亏损。制定价格必须以获得一定利润为基础。价格的制定是酒吧服务的一个因素，在价格公平和愉快的环境下提供优质服务，才会使酒吧生意兴隆。

项目十一
酒吧营销管理

项目描述

某市一家酒吧的生意越做越红火，交了许多回头客朋友，有许多顾客认为老板为人谦和，诚实善良，酒水报价合理，对他印象不错。于是逢年过节和大型节假日，他们不去超市和酒水市场购买酒水，往往从酒吧直接购买各类酒水，回家宴请亲朋好友。这类顾客也在不断增多。那么，酒水销售的方法与技巧有哪些？酒水销售计划制订依据、原则及步骤又是什么？

学习目标

❶ 知识目标

（1）记忆酒吧营销的定义。

（2）解释酒吧营销的目的。

（3）陈述酒吧营销管理的内容。

❷ 能力目标

（1）分析酒吧的产品。

（2）预测酒吧营销的发展状况。

❸ 思政目标

（1）培养独立实践的能力。

（2）培养敏锐的观察力及职业敏感性。

（3）培养人际沟通、创新等职业能力。

项目分析

❶ 重点

（1）酒吧营销管理的内容。

（2）酒吧目标顾客的产品分析。

❷ 难点

酒吧目标顾客的确定与分析。

项目内容

酒吧营销管理

- 酒吧营销策略
- 酒吧主题活动的组织实施

任务1 酒吧营销策略

任务导入

某朋友和他朋友合伙在C市酒吧街开了一家酒吧，面积有300多平方米，过了初期的火爆后，酒吧自身的疲软和外部强烈的竞争压得酒吧快活不下去了，使用了各种硬广告、打折促销、网络宣传措施，但效果不尽如人意。

今年3月的时候因为夜圈霸屏互动的兴起，他们给酒吧换上了LED大屏，接入了该霸屏互动系统，效果很不错，一晚下来，霸屏这块的收入也能达到5000元。但是，时间长了以后，老顾客对霸屏互动产生了疲劳感，新客源也没增加多少。而且，竞争对手也相继接入了夜圈霸屏互动系统，优势不再明显。

对于酒吧经营者来说，到底怎么给酒吧做营销策略才能给酒吧增加创收，保持营运呢？

知识链接

酒吧营销

一、酒吧形象营销

（一）环境形象营销

一个高品位的酒吧应该营造高品位的环境气氛。酒吧是供人们休闲娱乐的场所，应该营造出温馨、浪漫的情调，使顾客忘记烦恼和疲惫，在消费的过程中获得美好的感受。环境形象包括环境卫生、氛围情调两个方面。

1. 酒吧的环境卫生

酒吧卫生在顾客眼中比餐厅卫生更重要。因为酒吧供应的酒水都是不加热直接提供的，所以顾客对吧台卫生、桌椅卫生、器皿洁净程度、调酒师及服务人员的个人卫生习惯、洗手卫生等非常重视。酒吧卫生既是形象营销的前提，也能折射出酒吧的管理水平。

2. 酒吧的氛围情调

氛围和情调是酒吧的特色，是一个酒吧区别于另一个酒吧的关键因素。酒吧的氛围通常是由装潢和布局、家具和陈列、灯光和色彩、背景音乐及活动等组成。酒吧的氛围和情调要突出主题，营造独特的风格，以此来吸引顾客。

（二）店面形象营销

酒吧的店面形象营销是通过名称、招牌及宣传广告使大众了解酒吧，从而达到销售的目的。

1. 酒吧名称

酒吧名称既要适合其目标市场顾客层次，又要适合酒吧的经营宗旨和情调，只有这样才能树立起酒吧的形象。

2. 酒吧招牌

酒吧的招牌是十分重要的宣传工具，尤其在晚间，酒吧的招牌要非常醒目，这是吸引顾客最直接的宣传形式。酒吧招牌中一般带有Bar、Club等字样。常见的酒吧招牌有以下几种。

（1）直立式招牌　一般树立在酒吧门口或门前，包含酒吧名称、标识、营业时间以及位置箭头等内容。这种招牌一方面增加了酒吧的可见度，吸引了过往顾客；另一方面对酒吧环境起着点缀作用。

（2）霓虹灯式招牌　是晚间酒吧最醒目的标志，大大增加了酒吧在晚间的可见度和识别性，并能制造出热闹、欢快的气氛。

（3）悬吊式招牌　一般悬挂在酒吧门口，挂得越高就越突出。这种招牌古来有之，历史比较悠久，一般两面都印有酒吧标志，使来往的人们都能见到招牌。

（4）人物、动物造型招牌　以人物、动物造成酒吧的吉祥物作为酒吧招牌，具有很大的趣味性，增加了酒吧的情趣。但由于酒吧标志设计的复杂性，这种招牌使用较少。

（三）员工形象营销

1. 员工的仪表形象

酒吧员工的仪容、仪表，举手投足直接反映了酒吧服务的规格档次以及酒吧员工的精神面貌，给顾客的第一印象占90%以上的成分，直接影响酒吧的形象。

2. 员工的工作形象

酒吧员工统一干练的着装，标准规范的服务程序，能够体现酒吧的团队精神和员工的合作精神，给顾客一种训练有素的感觉。酒吧员工的工作态度和精神面貌容易给顾客留下深刻难忘的印象，进一步强化酒吧的形象。酒吧员工的服务意识和服务思想的加强有利于增强员工的责任心和集体荣誉感，便于酒吧管理。

二、酒吧关系营销

关系营销，又称顾问式营销，指酒吧在盈利的基础上，建立、维持和促进与顾客和其他伙伴之间的关系，以实现参与各方的目标，从而形成一种兼顾各方利益的长期关系。酒吧关系营销把营销活动看成一个酒吧与消费者、供应商、竞争者、政府机构及其他公众发生互动作用的过程，正确处理酒吧与这些组织及个人的关系是酒吧关系营销的核心，是酒吧经营成败的关键。

酒吧关系营销建立在顾客、酒吧同行、政府和公众三个层面上，它要求酒吧在进行经营活动时，建立、保持并加强同顾客的良好关系；与酒吧同行合作，共同开发市场；与政府和公众团体协调一致。关系营销是一项系统工程，它有机地整合了酒吧所面对的众多因素，通过建立与各方面良好的关系，为酒吧提供了健康稳定的长期发展环境。

关系营销是与关键顾客建立长期的、令人满意的业务关系的活动，应用关系营销最重要的是掌握与顾客建立长期良好的业务关系的种种策略。

（一）明确专人管理顾客关系

根据酒吧经营与管理的需要，酒吧可明确专人从事顾客关系管理，其职责是制订长期和年度的客户关系营销计划，制订沟通策略，定期提交报告，落实酒吧向顾客提供的各项利益。处理可能发生的问题，维持同顾客的良好的业务关系。

（二）加强酒吧与顾客的联系

酒吧通过员工与顾客的密切交流增进友情，强化关系。如经常邀请重要顾客参加各种娱乐活动，使双方关系逐步密切；记住主要顾客及其配偶、孩子的生日，并在生日当天赠送鲜花或礼品以示祝贺。

（三）组织频繁消费奖励活动

频繁消费奖励活动是指向经常消费或大量消费的顾客提供奖励的活动，奖励的形式有折扣、赠送商品、奖品等。这类奖励活动的缺陷很明显，主要有如下几种。

1. 竞争者容易模仿

频繁营销规划只具有先动优势，尤其是竞争者反应迟钝时，如果多数竞争者加以效仿，就会成为所有实施者的负担。

2. 顾客容易转移

由于只是单纯价格折扣的吸引，顾客易于受到竞争者类似促销方式的影响而转移购买。

3. 可能降低服务水平

单纯价格竞争容易忽视顾客的其他需求。

（四）建立顾客俱乐部吸引顾客

酒吧可以组织顾客成立一些主题俱乐部（如运动、商务），吸收有一定消费量或支付会费的顾客成为会员。在我国，由于顾客俱乐部形式较为少见，受到邀请的顾客往往感到声誉、地位上的满足，因此很有吸引力。酒吧不但可以借此赢得市场占有率和顾客忠诚度，而且可提高美誉度。

（五）收集和建立“顾客档案”

酒吧在实施顾客基本资料收集调查的基础上，建立顾客档案卡，并对重要客户建立贵宾卡，以形成一套完整的“顾客档案”管理系统。作为酒吧市场营销工作与服务工作的重要参照，顾客档案的科学性直接关系其有效性。从内容构成上看，一份完整的顾客档案至少应包括现实顾客和潜在顾客的一般信息（姓名、地址、电话、传真、电子邮件、个性特点和一般行为方式）、消费信息、促销信息等。同时，酒吧必须经常检查信息的有效性并及时更新，更应该有效利用顾客档案中关键信息，及时做好相关工作。条件成熟时，可建立数据库。

（六）及时关注顾客流失现象

及时关注顾客流失现象可按照以下步骤进行。

（1）精确量化顾客流失情况　酒吧应建立一套顾客追踪系统，定期统计并分析顾客消费数据，以精确量化顾客流失的数量和趋势。这一步骤是识别问题严重性和制定针对性策略的前提。

（2）深入分析顾客流失的根本原因　酒吧需对流失顾客进行深入分析，探究其不再光顾的具体原因。根据顾客反馈和市场调研，可将流失顾客划分为多个类型，如因价格因素而流失的“价格退出者”、对产品不满的“产品退出者”、对服务体验失望的“服务退出者”、受市场变化影响的“市场退出者”、被新技术或新业态吸引的“技术退出者”，以及因政策调整或社会事件影响的“政治退出者”。

（3）科学评估流失顾客对利润的影响　在明确流失原因后，酒吧应进一步评估每位流失顾客对总利润的贡献度，并据此计算出因顾客流失而遭受的利润损失总额。这一步骤有助于企业量化问题的经济影响，为制定解决方案提供依据。

（4）合理规划降低流失率的成本效益　在考虑采取措施降低顾客流失率之前，酒吧需详细规划并估算实施这些措施所需的成本，包括市场调研费用、产品改进成本、服务提升投入等。同时，将预计挽回的利润与所需成本进行对比分析，确保降低流失率的策略在经济上具有可行性。若成本低于预计挽回的利润，则表明该策略值得实施。

（5）制定并实施顾客留存与增长策略　基于以上分析，酒吧应制定出一套全面而具体的顾客留存与增长策略。这些策略可能包括调整价格策略以吸引更多顾客、改进产品或服务品质以满足顾客需求、提升顾客服务体验以增强顾客忠诚度、开展营销活动以扩大市场份额、利用科技手段提升运营效率等。通过实施这些策略，酒吧可以有效降低顾客流失率，提升顾客满意度和忠诚度，进而实现业务的持续增长。

三、酒吧氛围营销

酒吧经营者应对酒吧的整体印象有一个全面的认识。酒吧的整体印象就是酒吧的“氛围”和“气氛”，这两个词很难定义，然而，它们的意思却不难理解，是指所见、所听、所感、所闻等感觉印象的总和加上顾客的心理反应因素。氛围是顾客体验中最有影响的部分。

酒吧很可能在顾客踏进门的第一步、抬起头的第一瞥时就给顾客留下了深刻的印象。顾客当时的反应可能是愉快也可能是失望，但如果酒吧的整体面貌良好，那么，顾客对于酒吧的印象就由光顾酒吧的客人类型的好恶而定。

消费的顾客很有可能是结伴前来的成年男女。这类顾客的目的是在相对舒适安静的环境下享受休闲时光和美酒。他们希望能够不受干扰的点菜、交谈，观察周围的人，体验周到的服务。这类顾客不喜欢喧闹的音乐和嘈杂的环境，而且也不太喜欢酒吧内奇异的装饰物。对于这种类型的顾客，酒吧需要创造一种清新、友好、低调的气氛，这虽然传统但却不呆板，而且能够提供一种与家庭生活不一样的环境。

喜欢娱乐的休闲顾客所需要的氛围很可能与上述恰恰相反。这类顾客喜欢喧闹、动感人群、尖叫和嘈杂的音乐，他们钟情于流行的东西，比如奇异的装饰、新奇的酒品、噱头、花招等。

这两种类型的顾客群下的一个子群体是更年轻、更新潮的休闲就餐顾客。对这类顾客来说，吃饭、喝酒就是夜间的娱乐活动。酒吧的氛围也要相应地满足他们的需求。

过路顾客也许不太在意酒吧内的特殊气氛。他们需要的是快捷的服务和优质的酒品，喜欢人群密集、气氛友好轻快的酒吧。

酒吧的常客所需要的是熟悉、放松、舒服的环境和朋友之间的友好气氛。酒吧不必操心顾客的娱乐活动，他们会自行组织。

以上情况中还存在着许许多多的例外，然而有一点需要记住的是：每个人都有不同的兴趣，有的事情对某个人来说是好事，而对其他人来讲却并不一定如此。

在策划店内氛围时应从目标顾客的角度来审视酒吧。每个人看待事物的方式都不一样，酒吧经营者与顾客之间可能存在很大差别。顾客对于酒吧的感知与他们的态度、过去的经验和价值体系融合在一起。所以说，酒吧的经营者了解顾客的世界观是非常重要的。只有这样酒吧才能设计出与顾客产生共鸣的装饰物，提供顾客期望的服务，并培训出合格的员工。

四、酒吧口碑营销

良好的口碑是酒吧所能利用的吸引顾客最有效的间接营销技巧。口碑是消费过酒吧产品的顾客告知其他人酒吧的情况。酒吧希望顾客给予自己正面的评价，酒吧经营者要采取多种措施使酒吧建立正面的口碑。通过奇特的装饰性物品、展示性的艺术品、吸引人的各种展览、好名字、带有酒吧标识的附赠物品等，保持自己的差异性、优质性、特殊性，丰富顾客的传播内容，建立酒吧口碑。重要的是，酒吧能够为顾客提供一种难以忘怀的东西，例如酒吧内的景色、非常奇妙的餐前小吃以及自动点唱机中播放的老歌等。

自学检测

请扫描二维码检测任务学习情况。

任务实训

<table>
<tr><td rowspan="2">任务名称：酒吧营销策略</td><td>姓名：</td><td>日期：</td></tr>
<tr><td>班级：</td><td>学号：</td></tr>
<tr><td colspan="3">任务描述：
学习者通过了解酒吧形象营销、关系营销、氛围营销和口碑营销，掌握为酒吧制定营销策略的方法，为日后进入相关岗位打下坚实的理论基础。</td></tr>
</table>

续表

任务清单： 请根据所学内容，以小组为单位，完成以下任务。
1. 作为酒吧经理的你，将如何对酒吧形象进行营销？
2. 如何对酒吧进行关系营销？
3. 调查本市一家氛围不错的酒吧，总结其在氛围营销方面做了哪些工作？
4. 查阅相关文献，总结应该如何开展酒吧的口碑营销？

评价反馈

评价指标	评价内容	分数	分数评定
信息检索	能有效利用网络、图书资源查找有用的相关信息等；能将查到的信息有效地传递到学习中	10分	
感知课堂生活	认同工作价值；在学习中能获得满足感	10分	
参与态度	积极主动与教师、同学交流，相互尊重、理解、平等；与教师、同学之间能够保持多向、丰富、适宜的信息交流	10分	
	能够处理好合作学习和独立思考的关系，做到有效学习；能够提出有意义的问题或能发表个人见解	10分	
知识获得	记忆酒吧营销的重要性	20分	
	获得酒吧营销方案策划的知识	20分	
思维态度	能发现问题、提出问题、分析问题、解决问题、创新问题	10分	
自评反馈	按时按质完成任务；较好地掌握知识点；具有较强的信息分析能力和理解能力；具有较为全面严谨的思维能力并能做到条理清晰	10分	
自评分数			

续表

总结与反思	

拓展知识

酒吧营销的技巧和方法

酒吧竞争非常激烈，如此众多的竞争对手中，脱颖而出很重要，但无论装潢多么时髦，或制作鸡尾酒的原始程度如何，独树一帜都不一定会是决定吸引顾客的根基。战略性的酒吧营销的技巧和方法，才是吸引顾客在酒吧现场中保持最新状态的基础。

1. 口碑营销

很多人在去一家酒吧之前，都希望通过互联网来确定要去的酒吧的口碑，而评论是帮助消费者做出决定的主要因素。据统计有84%的人相信在线评论。

2. 举办主题之夜

主题之夜是一种有效的酒吧营销策略，也是吸引顾客的一种有趣方式，尤其是如果在非工作日举行活动时，这可能会很容易吸引人们入场。

3. 利用社交媒体

在网站上显示醒目的图像并将其打印在菜单、海报和社交媒体上，这是非常值得的。雇用摄影师以突出菜单和装饰的最佳效果，因为带有图像的网页比纯文本页面获得94%的观看次数，人们更容易记住图像而不是文本。

4. 提供独特的特价

我们都听说过玛格丽特星期一，塔克星期二或星期三，以提供一些其他酒吧所无法提供的特色品种。这是一种很好的酒吧营销策略，易于执行，只需将其添加到现有菜单中或重新发明已经提供的商品即可，这使其成为一种低风险策略。

5. 积极参与社交媒体

社交媒体是一种很好的营销工具。鉴于知乎、搜狐、小红书及短视频平台等广泛覆盖且免费使用的特性，它们极大地降低了酒吧营销的准入门槛，为行业带来了前所未有的机遇。

这些平台不仅是信息传播的快速通道，更是构建品牌形象、吸引并维系顾客群体的有效舞台。要使社交媒体成为酒吧营销中最具成效的技巧与方法，关键在于持续活跃与精准互动。通过定期发布酒吧日常动态的照片，生动展现其独特氛围与活力；精心策划内容，讲述顾客故事并巧妙利用标签，增强内容的吸引力和传播力；同时，利用社交媒体平台举办赠品活动或发起民意调查，不仅能够有效提升顾客参与度，而且能直接收集到关于新特色菜品或菜单项的宝贵反馈，为酒吧的产品创新与优化提供有力支持。

6. 利用共享经济

特价饮品和卡拉OK之夜是增加每晚访问酒吧的顾客数量的好方法，但是当酒吧关闭并闲置数小时时，白天会发生什么？尽管可能不准备在白天开放，但这样做会带来大量额外的运营成本，但还有其他方法可以在下班时间充分利用酒吧空间，并从新顾客那里获得更多收入和知名度。

任务2 酒吧主题活动的组织实施

任务导入

小王在酒吧做了三年的主管，迟迟未得到提升，刚好上任经理离职，他很想把握这次提升的机会，也向酒吧的老板提出了自己的意向，但一直未得到回应，突然有一天老板找到他，告诉他酒吧接到一个150人的公司开年会，公司的人员来自全国各地，要求提供一场餐前鸡尾酒会，如果你是小王，你会从哪些方面进行布置呢？需要考虑哪些方面的因素？

知识链接

酒吧营销策略

一、酒吧营销策略

目前，酒吧经营的竞争已经异常激烈，在竞争中要想占领市场，就必须不断创新，通过新颖的创意，组织各种营销活动。酒吧各种创新型促销活动或主题派对的组织能给客人带来新鲜感，从而减少审美疲劳，提高酒吧消费。

酒吧主题活动需要精心策划、周密组织。主题活动的灵感既可以来自各种中外节日，也可以结合市场特点策划一些主题派对。不管采用何种主题，都要提前准备、策划、宣传。常见的国外节日包括：愚人节、万圣节、情人节、圣诞节等；中国的节日包括元旦、春节、劳动节、国庆节、七夕节等。周末也是酒吧可以利用组织活动的时机。除节假日的主题活动外，还可以根据市场特点，组织一些独具特色的主题活动。

二、酒吧主题活动策划

（一）酒吧主题活动的策划原则

把握市场脉搏，选择有效的主题。营销主题活动的选择必须与目标消费者利益息息相关，才能够引起他们的注意。在活动主题的选择方面需要关注两个特点：一是要有亲和力，活动主题能够让目标消费者感觉很近、很舒服，而不是觉得厌烦；二是要有可信度，产品、价格、活动的组织不能让消费者感觉到上当受骗。

1. 搭车借势

搭车借势就是要善于通过借势来提升酒吧知名度，面对新机会要快速切入，而不必过分考虑新市场的进入是否沿袭了其以往风格，会不会对其他产品产生消极影响。

2. 以新概念吸引顾客

酒吧活动主题必须具有新颖性和趣味性，既要有时代感，至少人们看到主题促销活动不会感到陈腐、乏味，还要有一定的新闻价值。主题在一定程度上能够引起社会舆论、媒体的正面关注，甚至愿意进行报道。此外，还要防止竞争对手的效仿，充分考虑竞争对手会不会跟进、怎么跟进、怎么能够阻止跟进等。

（二）酒吧主题活动市场分析

营销主题活动市场分析包括活动的使命、目的和目标分析。酒吧对营销主题活动的使命、目的、目标等进行分析，考虑活动对酒吧的影响程度，通过活动能够提升酒吧知名度。

1. 市场分析

酒吧在确定主题活动前，先对酒吧的市场定位、主题定位进行分析，并进一步细分市场，有针对性地开展酒吧活动。

2. 需求分析

对酒吧消费群体进一步细化，分析酒吧目标消费者的消费需求，进而有效地开展主题活动。

（三）酒吧主题活动的策划方式

1. 策划方案

酒吧主题活动策划方案包括：策划背景、市场分析、活动整体思路、广告宣传策略、活动详细操作。

2. 促销方法

促销方法分为广告促销，广而告之，进行传播，以求刺激消费和购买行为；人员促销；酒吧营业推广。

三、酒吧主题活动组织实施

酒吧主题活动组织实施的内容包括：酒吧活动主题、时间、商家等的确定；酒吧的内外部布置；酒吧活动主题内容安排；酒吧主题活动传播。

酒吧举办主题活动的主要目的一是巩固老顾客；二是吸引新顾客。一般的促销活动对巩固老顾客能起到一定作用，但对吸引新顾客却苍白无力。究其原因是传播不到位。再好的促销活动，顾客不知道也就达不到活动目的。在考虑预算的前提下主题促销活动一定要把传播做好，传播的好坏将直接决定活动效果的好坏。

1. 设计主视觉

酒吧活动经常忽略这个细节，认为确定了主题就可以了，其实并不然。必须设计一个图标，而且表现手法要符合视觉设计的要求。这样做的目的就是便于传播主题。设计好的图标，使用方法要严格统一，大小比例或颜色都要严格把关。

2. 均衡传播

人们一般认为促销活动是线下的事情，和媒体没关系，这是误区。主题促销活动一定要在线上和线下均衡传播。线上主要靠电视、报纸、杂志和网络等媒体，必要时采用新闻等其他方式进行补充。

3. 不断刷新传播内容

促销活动毕竟不是打产品广告，因此一定要紧随活动脉搏，刷新传播内容。基于促销活动的短期性特点和节约费用的原则。制作环节可以采用数码摄像机或动画来完成，但一定要保证质量。其余的报纸、杂志、网络和终端等传播，根据活动节奏随时都可以更新内容。但记住一点，没有特殊情况主题千万不能乱变。这样做的好处是提高与消费者的沟通效率，让活动更加有声有色，且将主题顺利地传达消费者的长期记忆里。

四、鸡尾酒会组织与管理

（一）鸡尾酒会介绍

1. 鸡尾酒会概念

鸡尾酒会也称酒会，是一种非常流行的宴请形式，通常以酒类、饮料为主，以各种小吃为辅来招待客人。一般酒的品种较多，并配以各种果汁，向客人提供不同酒类配合调制的混合饮料（即鸡尾酒），还备有小吃。

2. 鸡尾酒会特点

（1）不设座椅，不安排席位，宾客站着就可以饮酒，可在室内随意走动，交际广泛。

（2）鸡尾酒会是一种简单、活泼的宴请形式，举行时间灵活，一般与正式时间错开或安排在正式宴会之前举行。

（3）举办酒会的场地不受限制，室内、室外均可，参加酒会的人员不受时间限制，迟到、早退均不失礼，来去自由，不受约束，减去很多繁文缛节，因而很受欢迎。

（4）酒会的酒水以鸡尾酒、啤酒为主，另外再加一些果汁、汽水等饮料，一般不供应蒸馏酒和较复杂的鸡尾酒。

（5）酒会进程简单，时间一般控制在1小时之内。

3. 鸡尾酒会注意事项

鸡尾酒会通常不设座椅，目的是促使客人走动，增加交往范围。通常在宴会中，会由主人向主宾敬酒。在主人和主宾致辞祝酒时，其他人应暂停进餐，停止交谈，注意倾听。碰杯时，主人和主宾先碰，人多可同时举杯示意，不一定碰杯。祝酒时注意不要交叉碰杯，碰杯时要目视对方致意。

（二）鸡尾酒会工作流程

鸡尾酒会工作流程如表11-1所示。

表11-1 鸡尾酒会工作流程

程序	具体规范
准备工作	（1）根据酒会预订要求，在酒会开始前45分钟布置好所需的酒水台、小吃台、食品台、酒会餐桌。 （2）准备好酒会所需的酒水饮料及配料、辅料。 （3）准备好与酒水配套的各式酒具，注意洗净擦干。 （4）做好员工的分配
迎接客人	（1）酒会开始时，引位员站在门口迎接客人，向客人问好，对客人的光临表示欢迎。 （2）注意统计客人人数。 （3）服务员、酒水员在规定的位置站好，迎接客人并问好
酒会服务	（1）酒会开始后，服务员要随时、主动地为客人服务酒水。服务酒水时，要将酒杯用托盘托送给客人。 （2）随时清理酒会桌上客人用过的餐具。 （3）随时更换烟灰缸，添加小口纸、牙签等用品。 （4）保持食品台的整洁，随时添加盘、餐具和食品。 （5）酒会中保证客人有充分的饮料和食品
收尾工作	客人离开后快速清台收拾餐器具，撤除临时性设备

自学检测

请扫描二维码检测任务学习情况。

任务实训

<table>
<tr><td rowspan="2">任务名称：酒吧主题活动的组织实施</td><td>姓名：</td><td>日期：</td></tr>
<tr><td>班级：</td><td>学号：</td></tr>
<tr><td colspan="3">任务描述：
学习者通过学习酒吧营销的原则、使用的方法、市场需求的分析等，能够根据市场以及顾客的需求变化去制定相应的营销策略，为日后进入相关岗位打下坚实的理论基础。</td></tr>
<tr><td colspan="3">任务清单：
请根据所学内容，以小组为单位，完成以下任务。</td></tr>
</table>

续表

1. 请你作为酒吧经理，设计一份酒吧全年的营销日历。
2. 一位客人找到你，想要在本周末办一场婚礼前的单身鸡尾酒会，大概50人，你将如何为他策划这场鸡尾酒会呢？

评价反馈

评价指标	评价内容	分数	分数评定
信息检索	能有效利用网络、图书资源查找有用的相关信息等；能将查到的信息有效地传递到学习中	10分	
感知课堂生活	认同工作价值；在学习中能获得满足感	10分	
参与态度	积极主动与教师、同学交流，相互尊重、理解、平等；与教师、同学之间能够保持多向、丰富、适宜的信息交流	10分	
	能够处理好合作学习和独立思考的关系，做到有效学习；能够提出有意义的问题或能发表个人见解	10分	
知识获得	记忆酒吧主题活动的策划原则	10分	
	掌握酒吧主题活动组织实施的内容	10分	
	分析鸡尾酒会的特点	10分	
	运用鸡尾酒会工作流程进行服务	10分	
思维态度	能发现问题、提出问题、分析问题、解决问题、创新问题	10分	
自评反馈	按时按质完成任务；较好地掌握知识点；具有较强的信息分析能力和理解能力；具有较为全面严谨的思维能力并能做到条理清晰	10分	
自评分数			
总结与反思			

拓展知识

“日咖夜酒”：当代消费者的“白+黑”

“日咖夜酒”是什么？就是同一家店白天卖咖啡、晚上卖酒。咖啡馆和小酒吧，两种业态看起来截然不同、反差极大，面对的客群却又高度重合。近一两年，这种经营模式很受青睐。在咖啡赛道不断升温的背景下，无论是咖啡巨头还是新兴品牌，都开启了运营创新上的各种尝试和布局。连锁咖啡品牌西舍（Seesaw）在上海开设了以“日咖夜酒”为主题的门店；星巴克两年间接连开设了十几家臻选咖啡·酒坊。南京的“日咖夜酒”也如雨后春笋般冒出，进入了越来越多人的视野。白天喝咖啡不瞌睡，晚上喝点酒睡得香，当代消费者的“白+黑”要在咖啡馆里实现了。

白天喝咖啡、晚上去喝酒，在同一家店里感受两种不同的体验。“日咖夜酒”在新生代的消费圈里越来越流行，咖啡+酒两种经营业态融合在一起，产生了奇妙的化学反应，新的夜间社交消遣场所出现。在大众点评软件上，记者看到这样一条评论：“灯光一换，氛围切换，咖啡馆在夜里变身小酒馆。咖啡与酒吧结合，很适合现在的年轻人。”

有些“日咖夜酒”已经不满足于只售卖饮品，南京市秦淮区一家7月份新开的Camphood引入了精致露营风，用树屋、木头、帐篷、皮划艇构造城市里的“野生”空间。有顾客推荐晚上六点左右来，“感受白天黑夜转变的星空派对，仪式感十足，灯光音乐都与白天大不相同。”

当然，“日咖夜酒”的风向标，或许非星巴克莫属。2019年，中国首家星巴克臻选咖啡·酒坊亮相上海外滩。后来，在北京、重庆、深圳等多地陆续开业十几家。

单看咖啡，在国人的习惯里，几乎没有夜间饮用场景。将咖啡馆在夜间变成酒馆，可以有效延长营业时间，提高门店利用率。多一份酒水收入的同时，也能摊薄昂贵的租金成本。通过增加多元化的产品、进行多时段运营，可以有效增加顾客黏性，增加与顾客沟通和连接的机会。

另外，低度酒的消费群体在不断增长，酒精加软饮料弱化了酒精不健康的形象。据前瞻产业研究院发布的《中国白酒行业市场需求与投资战略规划分析报告》，近年来在“女性经济”与“Z世代经济”的兴起下，低度酒行业整体增速高于传统酒业，资本也积极涌入这一赛道，市场潜力值得期待。

整体来看，咖啡馆和小酒吧的客群比较匹配。业内人士认为，酒吧业态的加入，能为咖啡馆增加消费场景，提供更新颖的社交空间，为消费者提供新鲜感。

参考文献

[1] 王天佑. 酒水经营与管理[M]. 北京：旅游教育出版社，2023.

[2] 文珺，刘玉，曾萍. 酒水服务[M]. 2版. 北京：旅游教育出版社，2022.

[3] 匡家庆. 酒水知识与酒吧管理[M]. 2版. 北京：旅游教育出版社，2021.

[4] 盖艳秋，王伟，童江. 酒水服务与酒吧运营[M]. 2版. 北京：中国旅游出版社，2020.

[5] 边昊，朱海燕. 酒水知识与调酒技术[M]. 3版. 北京：中国轻工业出版社，2020.

[6] 蔡洪胜，姚歆，程彬，等. 酒水知识与酒吧管理[M]. 北京：清华大学出版社，2020.

[7] 蔡洪胜，贾晓龙. 酒店服务技能综合实训[M]. 北京：清华大学出版社，2018.

[8] 何立萍，卢正茂. 酒吧服务与管理[M]. 2版. 北京：中国人民大学出版社，2017.